나를 떠나서는 너희가 아무것도 할 수 없음이라

| 신구 지음 |

추/천/사

저자 신구 선교사님은 내가 그리스도 안에서 40여 년을 함께 교제해 온 귀한 믿음의 동역자이다. 세월의 흐름 속에서도 변함없이 주님께 헌신하며 걸어온 그의 삶은, 신앙의 진정성과 인격적 깊이를 겸비한 참된 하나님의 사람의 모습을 보여준다.

그는 언제나 겸손하고 온유하되, 진리의 문제에 있어서는 타협하지 않는 분이다. 감정적 신앙보다 말씀에 근거한 합리적 신앙을 중시하며, 이성적 사고와 철저한 자기 성찰을 통해 복음을 삶으로 증거해 오셨다. 이러한 분이 직접 경험하고 목격한 하나님의 역사들을 기록하였기에, 이 책은 단순한 간증집이 아니라 "성령의 행전"이라 부를 만한 귀한 증언이 되었다.

책 속의 이야기들은 때로 사도행전적이며, 인간의 이성과 상식을 넘어서는 사건들로 가득하다. 그러나 그 모든 이야기는 기이한 체험담으로 흐르지 않는다. 저자는 어떤 초자연적 사건도 흥미나 감정의 과잉으로 포장하지 않고, 오직 말씀과 복음의 빛 아래서 해석한다. 그래서 이 책을 읽다 보면 우리는 한 사람의 신앙 여정을 따라가며, 동시에 오늘도 살아 역사하시는 하나님의 손길을 깊이 느끼게 된다.

그의 증언은 몇 해 전 기독교계에 큰 감동을 주었던 《하늘에 속한 사람》을 떠올리게 하지만, 그 이상으로 절제되고 진실하다. 신구 선교사님의 기록은 화려한 문장이 아니라, 고난과 눈물, 순종과 기쁨의 언어로 이루어져 있다. 그가 걸어온 길은 "나를 떠나서는 너희가 아무것도 할 수 없음이라"(요 15:5)라는 말씀의 실체적 증명이라 할 수 있다.

　이 책은 독자에게 단순한 흥미를 넘어, 복음의 능력과 성령의 현실성을 새롭게 일깨워 준다. 또 그리스도인의 사명과 삶의 방향을 다시 묵상하게 하는 깊은 울림을 준다.

　나는 오랜 세월 그를 지켜본 사람으로서, 그리고 그와 함께 믿음의 길을 걸어온 형제로서, 이 책을 기쁨과 확신으로 추천한다. 책장을 넘길 때마다 여러분은 한 사람의 인생을 통해 일하시는 하나님의 놀라운 섭리를 만나게 될 것이다.

2025년 10월

송영선 목사

(메릴랜드 빌립보교회 원로목사)

머/리/말

나는 오래전부터 한국에 있는 형제들과 선교지에서 생긴 일들을 나누고 있었다. 단편적인 나눔이라 알리지 않거나 알리지 못한 것이 많았다. 한국에 있는 믿음의 형제들이 교회와 후배 선교사들을 위해 기록을 남겨 두고 싶다며 나에게 그것을 글로 알려 달라고 했다. 우리 선교지의 제자들과 나의 가족들도 그 일들을 알고 싶어 했다. 그러나 아직 때가 이르다고 생각했다. 무엇보다 선교지의 제자들이 자기에 관한 이야기가 알려지는 것을 원하지 않았기 때문이다.

이제는 나이가 들고 때가 되어 그들을 위하여 이것들을 알려야겠다는 생각이 들었다. 주님께서 인도하신 나의 삶을 통해 그리스도인의 삶, 특히 선교와 관련된 그리스도인의 삶에 많은 도움이 되기를 바라며 이 책을 쓰기 시작했다.

나는 다음의 세 가지 사실을 나누려고 한다.

첫째, 우선 내가 살아온 인간적인 삶이다. 나는 그냥 세상적인 삶을 소개하려는 것이 아니다. 처음에는 내 삶이 단순히 내 개인의 삶인 줄 알았다. 그러나 주님은 내 삶에 목적이 있으셔서 내가 가야 할 길을 알게 하셨다. 그리고 그 삶을 주님이 인도하셨다. 주님께서 인도해 주신 그 삶을 먼저 나누려고 한다.

둘째, 나를 선교지로 인도하신 주님의 역사이다. 나에게는 도저히 부인할 수 없는 주님의 인도하심이 있었다. 나는 모르는 것이 너무 많았고, 실패도 많았다. 무엇보다 주님은 내가 가야 할 길을 분명히 보여 주셨으나 나는 그에 대한 확신이 없었다. 나는 주님의 인도하심 말고도 내가 어떤 길을 가야 하는지에 대해 사람들의 충고와 제안을 많이 받았다. 그리고 내가 생각하는 나의 방법들도 있었다. 그런데 그런 것들이 나를 실패로 이끌었다. 그것들이 주님의 일을 방해했고, 많은 시간과 노력을 낭비하게 했다. 그런 실패 이야기들을 4부에서 나누려고 한다. 그러나 주님은 약속대로 나를 주님의 길로 인도하셨고, 잘못된 길들을 결국 막아 주셨다. 그 실패들을 거울삼아 남은 삶을 통해 주님을 더 잘 섬길 수 있기를 바란다.

셋째, 주님께서 알려 주신 대로 선교지를 통해 주님이 그의 일을 하신 것이다. 나의 주된 사명은 남들처럼 많은 사람을 전도하는 일이 아니었다. 주님은 나에게 이미 믿은 일꾼들을 섬기게 하셨다. 물론 기회가 되는 대로 불신자들에게 복음을 전하는 사역도 했다. 주님은 나를 그 모두에게 말씀을 가르쳐 그들이 교회를 세우고 사역자들이 사역할 수 있도록 섬기는 일을 하게 하셨다. 사역자들이 바로 서야 교회가 바로 서고, 교인들이 바로 설 수 있기 때문이다.

"그가 하는 일을 만민 중에 알게 할지어다"(시 105:1).

2025년 10월
신구

목/차

추천사 • 2
머리말 • 4

1부 내 개인의 삶　　　　　　　　　　　　　　12

믿음의 첫걸음 • 예수님을 영접하다 • 미국 이주 • 시카고 공장에서 생긴 일 • 산에서 본 영상들 • 미끄럼틀 • 수족관 • 비 내리는 강 • 회사에서 들었던 하나님의 음성 • 하나님이 다른 삶으로 인도하시다 • 새로운 여정 • 중국 사역의 시작 • 미국 나사에서 • 다시 선교지를 섬기다 • 우주 왕복선 일의 마무리 • 장애인이 되다

2부 미끄럼틀 영상: 말씀을 찾아 몰려오는 사람들　　49

선교지로 다시 돌아가다 • 계속된 신학교 성경 강의 • 오순절 계통 신자들의 열정 • 지하교회의 큰 무리 • 계속 늘어나는 선교지

3부   선교지에서의 삶　　　　　　　　　　　　　　　　　65

주님이 정해 주신 선교의 방향 ● 죄 사함 받았으니 멋대로 살자는 기독교 집단 ● 혼합주의 신앙 ● 선교는 남을 위하는 일 ● 섬기는 사역 ● 불리한 여건에서 시작한 선교 ● 주님이 나를 위해 준비해 주신 것 ● 선교 전략 간의 마찰 ● 구제에 관하여 ● 선교헌금을 노리던 많은 교회와 사역자 ● 중국 교회의 재정 문제 ● 사도 바울의 선교 사례 ● 열악하고 위험한 환경 ● 선교지에서 있었던 사탄의 공격 ● 하나가 된 주님의 일꾼들 ● 연합을 경험한 신학교 ● 간증 책,《가시밭의 백합화》● 하늘에 속한 사람 ● 네 살배기 기도의 용사 ● 신자들을 이용하여 치부하려는 교회 지도자들 ● 사랑의 교제 ● 가정교회에 대한 핍박 ● 이단들의 난립 ● 산속 묘족 마을 ● 라마 불교의 승려들 ● 대학생들을 향한 영어 사역 ● 나를 체포하러 온 관리 ● 농촌 교회의 부흥 ● 농촌 지역 부흥을 위한 특별한 역사 ● 간증으로 밤을 새우는 형제자매들 ● 니스워빠바

4부   나의 실패 이야기: 도피하는 삶　　　　　　　　　127

열등감 ● 언어 문제 ● 선교비 문제 ● 육체적인 과로에서의 도피 ● 남미로의 일탈 ● 선교 단체 ● 탈북자 사역 ● 미국에서 시도했던 개척 교회 ● 남에게 인정받으려는 유혹 ● 한국에서 온 선교 지망생들

5부 비를 주시는 영상: 성령님의 기적의 역사 145

나의 소명은 말씀 사역 • 불법 자료의 검열 • 컴퓨터의 자료들을 숨겨 주신 주님 • 언어의 장벽도 잠시 허물어 주신 주님 • 황사를 통해 위기를 넘기다 • 어머니의 믿음을 보시고 아들의 정신병을 고쳐 주시다 • 중보기도 중 학생의 병을 고쳐 주시다 • 하루만 늦었으면 체포되었을 뻔하다 • 여권 도난 사건 • 공안의 눈을 가려 주신 주님 • 회개하는 자매를 치유해 주시다 • 신천지 이단에서 제자들을 구해 주신 주님 • 합심 기도를 통해 암을 낫게 하시다 • 중국 해남도 비행장에서 • 예수 믿는 가정을 홍수에서 구해 주시다 • 지각을 통해 우리를 보호해 주시다

6부 수족관 영상: 더러운 물과 깨끗한 물 185

선교지에서 있었던 비리의 원인 • 중국 교회가 잘못한 사례들 • 세상 것을 얻으려고 선교지로 뛰어드는 사람들 • 중국 해남도 교회 • 잘못된 관습에 사로잡힌 교회들 • 교회가 깨끗해지다

7부 팬데믹 기간에 주님께서 하신 일   203
인터넷 성경 공부를 통한 변화

8부 나의 투병 생활   209
목 수술 ● 암 투병 ● 뇌졸중 ● 암이 재발하다

맺는말… ● 219

1부

내 개인의 삶

믿음의 첫걸음

● 나는 자유주의 신학을 따르는 교회에서 자랐다. 나의 교회 생활은 딱히 목표도 없었다. 그저 적당히 쾌락을 추구하고, 또 적당히 도덕적인 삶을 추구하며 살고자 했다. 한마디로 예수 그리스도를 모르는 도덕적인 삶만 추구했다. 그러나 그 도덕적인 삶이란 모두 위선이었다. 그 교회 전체의 분위기가 그랬다. 하나님이 계시는지 안 계시는지 확실히 말해 주는 사람은 하나도 없었다. 대부분이 죽어 봐야 안다는 식이었다.

그러나 나는 하나님이 계신지 안 계신지 확실히 알고 싶었다. 만일 하나님이 계시다면 그에 걸맞은 삶을 살아야 할 것이 아닌가? 그러나 하나님이 안 계시다면 전에 살던 대로 내 마음대로 살고 싶었다.

대학교 1학년 때였다. 내 주머니에는 주사위가 하나 있었다. 주사위에는 1부터 6까지 점들이 찍혀 있는데, 나는 그중 숫자 '6'을 좋아했다. 심심할 때마다 주사위를 던져 보곤 하던 나는 어느 날 갑자기 이 주사위로 하나님의 존재를 시험해 보고 싶어졌다. 만일 하나님이 계시다면 주사위의 숫자 '6'이 나오게 하는 것쯤은 쉬운 일이 아니겠는가? 한 번 정도는 얼마든지 우연히 나올 수 있겠지만 계속 '6'이 나온다면 그것은 우연일 수가 없으니, 하나님이 계신 틀림없는 증거일 것이라고 생각했다.

나는 그날 학교 가는 길에 주사위를 여섯 번 연속해서 던지기로 했다. 주사위에서 '6'을 행운의 숫자라고 생각했기 때문이다. 가까운 곳에 굴리면 내가 원하는 방향이 될 수 있으니 인위적인 요인을 피하려고 가능한 한 멀리 던졌다.

처음으로 던지며 당연히 '6'이 나오지 않으리라 생각했다. 그런데 '6'이 나왔다. '우연이겠지!' 하며 다시 던졌다. 두 번째도 '6'이었다. '그럴 수도 있지!' 세 번째도 '6'이 나오자 겁이 덜컥 났다. 두려운 마음이 생겨 주사위를 더 멀리 던졌다. 그래도 또 '6'이 나왔다. 그때 마침 나는 학교에서 확률을 공부하고 있었다. 세 번 던져서 셋 다 '6'이 나올 확률은 이미 1,296분의 1이었다. 또 던지자 '6'이 계속 나왔다. 다 마치고 확률을 계산해 보았다. 이것은 주사위를 평생 매일 던졌을 때 한 번 나올까 말까 한 확률이었다.

나는 두려워졌다. '하나님은 확실히 계시는구나!' 그러나 그것으로 내 삶이 바뀌지는 않았다. 세상에 휩쓸려 살며, 하나님 앞에 책임 있는 삶을 살아야겠다는 생각은 다 망각했다. 하나님이 계시다는 것만으로는 내 믿음이 완성되지 않았다.

"네가 하나님은 한 분이신 줄을 믿느냐 잘하는도다 귀신들도 믿고 떠느니라"(약 2:19).

그러나 그 생각이 내 마음 깊은 곳에 남아 있어서 하나님으로부터 완전히 떠나지는 못했다.

예수님을 영접하다

● 나는 한국의 대왕건설이라는 회사에서 근무했다. 그 회사는 휴가도 주지 않고 계속 우리를 혹사시켰다. 당시는 온 나라가 경제 부흥에 매진하던 때라 개인의 삶은 무시되었다. 그때 나의 여름휴가는 내가 법적으로 당연히 누릴 수 있는 권리였으나, 회사는 그 휴가 기간에도 근무하도록 강요했다. 회사 일이 너무 힘들었기 때문에 나는 휴가 때를 기하여 그 회사에서 도피하고 말았다. 우선 쉬고 봐야 했다.

1975년 그때 불광동에서 여름 수양회가 있었다. 마침 내 여동생이 나에게 그곳을 소개했다. 놀라운 역사들이 일어나고 있으니 가보라고 했다. 그곳에서 수양회로 모였던 곳은 '죠이클럽'(JOY Club)이었는데, 나중에 이곳은 '죠이미션'(JOY Mission)이 되었다.

나는 수양관이 쉴 수 있는 도피처라고 생각했기에 그곳을 찾았다. 수양관에서 쉴 뿐 아니라 놀 수도 있으리라고 생각했다. 자유주의 신앙을 따르던 우리 교회의 수양회는 항상 쾌락을 찾는 시간이었다. 그래서 이 수양회에서도 재미있는 시간을 보낼 수 있을 것이라고 생각했다.

　나는 부모를 따라 모태에서부터 교회 생활을 했다. 그래서 교회 생활에는 관록이 붙었지만 신앙심은 없었다. 그 불광동 수양관에서 나는 처음으로 복음을 들었다. 교회 생활을 오래 했음에도 전에 전혀 듣지 못했던 내용이었다. 주위 사람들의 모습은 너무도 진지했다. 이렇게 진지하게 말씀을 대하는 모습은 본 적이 없었다. 그리고 그들에게는 사랑이 넘쳤다. 그 복음의 내용은 모두 옳은 말씀이었다.

　그러나 내 자존심이 예수님을 영접하는 것을 허락하지 않았다. 그러면서 내적으로 큰 갈등이 생겼다. 3일간의 갈등으로 소화불량까지 생겨 계속 소화제를 복용했다. 그렇게 3일이 지나고 나서 결국 주님께 항복하기로 하고 예수님을 주님으로 영접했다.

미국 이주

● 　내 믿음은 약했고 말씀도 잘 몰랐지만, 예수님 피에 의한 구속과 부활의 메시지는 확실히 깨달았다. 그 후로 주위 형제들의 도움으로 성경을 읽으면서 예수님의 놀라운 희생과 사랑에 몰래 눈물을 흘리곤 했다. 그러던 중 내가 몸담고 있던 회사가 문을 닫았다. 나는 다른 길을 찾아야만 했다. 다른 일을 찾을 수도 있었지만, 그 역시 고달픈 삶이었다. 경제적으로도 항상 쪼들리며 살아야 했다.

결국 1976년 우리 가정은 미국 이민을 택하여 시카고에 정착했다.

시카고에 자리 잡고 보니 우리에게 남은 재산은 겨우 150달러 정도였다. 당장 식료품을 사고 아파트 대여비를 지불하자 더욱 남은 것이 없었다. 그래서 급하게 찾은 직장이 시카고 중심부에 있는 작은 기계 부속 제조 공장이었다. 한 가정이 운영하는 곳이었는데, 공장 이름이 'Service Screw'였다. 공장이 있는 곳은 흑인 밀집 지역이고 우범 지역이라 사람들이 접근을 두려워했다. 가끔 자동차 배터리와 타이어를 훔쳐 가기도 해서 쇠사슬로 차를 묶어 놓기도 했다. 갱들의 싸움도 많은 곳이라 총소리도 들리곤 했다. 살기 위험한 곳이기는 했지만 당장 먹고살 수는 있게 되어 주님께 감사했다.

나는 미국 이민 초년생이라 공장에서도 가장 열악한 곳에서 일을 시작해야 했다. 코가 검게 되도록 쇳가루를 날리며 일하기도 했다. 그러다 회사에서 조금씩 인정받으며 큰 기계를 담당하게 되었다. 그러나 미국인의 큰 몸집에 맞추어진 기계는 나에게 너무 버거웠다. 온종일 같은 일을 계속하는 것도 지쳤다. 기계가 큰 것도 원인이었지만 몸에 배어 있는 한국인의 '빨리빨리' 습관이 나를 더 지치게 했다. 나에게는 게으른 습성도 있었지만 일단 일을 시작하면 최선을 다해야 직성이 풀렸는데, 그것이 나를 지치게 한 것이다. 미국인들처럼 더 천천히 했어야 하는데 그땐 그런 것까지는 생각하지 못했다. 사장은 속도 모르고 그런 나를 무척 좋아해 나에게 온갖 고급 기술을 가르쳤다.

일이 힘들어 지쳐 있을 때 나는 주님께 기도했다. "주님, 지금 제가 너무 힘듭니다. 도와주세요." 그러자 나의 마음속에 들려오는 작은 음성이 있었다. "찬양하라!" 그 말대로 속으로 찬양했더니 기쁨이 솟아났다. 그뿐 아니라 이상하게 육신의 힘도 솟아났다. 눈물도 났다. 기쁨의 눈물이었다. 일하다 말고 내가 눈물을 흘리고 있으니 사장이 근심스러운 눈으로 쳐다보며 지나갔다.

그때 나는 전에 배웠던 복음의 말씀을 반추하고 묵상하며 일했다. 나에게 감동을 주었던 그 말씀들이 다시 살아나면서 기쁨이 밀려왔다. 그래서 기도했다.

"주님, 저는 돈을 많이 벌어 가난에서 벗어나 부유하게 사는 것이 소원이었습니다. 그렇지만 이 세상에서 죽은 생명을 살리는 복음보다 더 중요한 것이 어디 있겠습니까? 그러니 저도 앞으로 그 귀한 복음을 나누며 살게 해주세요."

진실한 마음으로 기도했다. 그때 내 속에서 들려오는 다른 음성이 있었다.

'나 같은 사람이 무엇을 할 수 있겠어! 기라성 같은 주님의 사역자도 많은데 내가 그런 것을 원한다 해도 주님이 내 기도에 관심을 두실 리가 없어.'

그 마귀의 소리가 나에게는 더 설득력 있게 들렸다. 그러고는 몇 년간 나는 그 소원의 기도를 까맣게 잊고 있었다. 그런데 주님이 그 기도를 소중하게 생각하셨음을 나는 나중에야 깨달았다.

시카고 공장에서 생긴 일

● 나는 전혀 의식하지 못했으나, 후에 알고 보니 하나님은 그때도 나를 계속 움직이고 계셨다. 그것이 복음을 위해 살겠다던 나의 기도에 대한 하나님의 응답이었다.

나는 한국에서 엔지니어로 일했기 때문에 공장 일에 누구보다 빠르게 적응했다. 무엇보다 남들이 이해하지 못하는 청사진을 읽을 수 있었다. 공장 사장은 항상 직원들의 임무를 알려 주고 다녔는데, 그것은 그의 중요한 일이자 역할이었다. 그러다 몇 달 후 나는 사장에게 인정을 받아 그의 일에 합류하게 되었다. 관리자(supervisor)의 직책을 맡은 것이다.

그 후로 여러 직장 선배, 특히 한국인 선배들이 나를 질투하여 괴롭혔다. 한국 사람들은 고참에 대한 집착이 대단했다. 미국의 한구석에 와서도 고참을 따지고 있었다. 그런데 내가 모든 고참을 제치고 제일 먼저 진급하자 견딜 수 없었던 것이다. 미국 사람들은 우리처럼 고참 의식이 없다. 미국 사람들과 한국 사람들의 사고방식은 매우 달랐다.

한번은 한국 직원들이 사장에게 징계를 받았다. 그들이 계속 규정을 어기고 멋대로 행동했기 때문이다. 그런데 한국 직원들이 그 징계에 반발하며 징계의 원인이 나라며 거짓 소문을 냈다. 나를 향한 시기심이 함께 작동한 것이다. 자기들은 정당하다고 주장하며 나를 희생양으로 삼았다. 그들은 내가 사장에게 고자질했기 때문에 징계를 받았다고 나한테 잘못을 뒤집어씌웠다. 시카고에서 발행하던 〈한국일보〉에도 기사가 실렸다. 내가 나의 위치를 이용하여 한국인들을 괴롭히며, 심지어 그들을 내쫓으려 한다는 보도였다. 신문사는 아무런 사실 확인도 없이 그들의 말만 듣고 그 사건을 사실로 만들어 버렸다. 나는 졸지에 시카고에서 악당이 되어 버렸다.

나는 당시 성경 말씀을 잘 몰랐다. 당연히 요셉과 같은 믿음도 없었다. 나에게 그런 믿음이 있었다면 아무 저항도 없이 주님의 뜻을 따랐을 것이다. 그러나 내가 할 수 있었던 것은 그 모함에서 벗어나려는 몸부림뿐이었다. 하지만 그런 노력은 전혀 필요 없는 일이었다. 주님은 나를 다른 곳으로 보내셨기 때문이다. 나는 그 회사에서 다른 일을 찾기 시작했다.

그때 나에게 열려 있던 한 가지 길은 공장을 떠나 대학에서 공부를 계속하는 것이었다. 일종의 도피였다. 대학에서 내가 가장 쉽게 할 수 있는 공부는 내가 이미 배웠고 일까지 한 공학 분야였다. 나는 그중에서도 내가 가장 쉽게 할 수 있다고 생각한 컴퓨터 공학을 택했다. 나는 미국에 가서 돈을 벌길 원했는데 주님은 나를 대학으로 내모셨다.

나는 열심히 공부하여 2년 만에 시카고 주립대를 졸업하고 취업신청서를 냈고, 당시 AT&T 소속 'Bell Lab'이라는 미국에서 가장 큰 전화회사에 취직했다. 지금은 모두가 휴대폰을 쓰지만 당시만 해도 유선전화기를 썼는데, 내가 일하게 된 회사는 각 도시에 유선전화 체제를 만드는 곳으로, 세계에서 가장 앞선 전화회사였다.

그런데 그때 이상한 일이 생겼다. 캘리포니아주 LA 근교에 있는 우주 왕복선(Space Shuttle) 회사에서 나에게 일하러 오라고 제안한 것이다. 취업 신청서는 시카고에 보냈고 취직도 이미 결정되었는데, 알지도 못하고 신청도 하지 않았던 회사의 취업 통보가 LA에서 온 것이다. LA는 시카고에서 거의 미국 반대편에 있는 아주 먼 곳이다. 어떻게 그런 일이 생겼는지 나는 지금까지도 알지 못한다. 어쨌든 취업 통보가 왔고, 우리 가족 모두 캘리포니아로 가는 것에 찬성했다. 결국 그것은 하나님이 인도하신 길이었다. 그래서 나는 한국에 이어 다시 미국에서도 엔지니어(공학자)가 되었다. 우주항공 엔지니어였다.

산에서 본 영상들

● 내가 일하게 된 Rockwell International은 미국 나사(NASA)의 하청으로 왕복 우주선을 제작하는 회사였다. 그곳에서는 하루 8시간 중 4시간이면 일을 다 마칠 수 있었다. 서두르지 않고도 일할 수 있는 환경이었고, 한국의 '빨리빨리' 식으로 한다면 하루에 2~3시간 만에도 일을 마치는 것이 가능했다. 일이 많지 않으니 나머지 시간은 우리 직원들 마음대로 잡담도 하며 시간을 보냈다. 볼 일이 있으면 마음대로 외출도 할 수 있었다. 직장의 분위기는 그렇게 한가하고 자유로웠다.

이처럼 일거리가 많지 않으니 사람들은 진급을 위하여 좀더 많은 일을 맡으려고 다투기도 했다. 그러다 보니 힘없는 이민자로서 내가 할 수 있는 일의 양은 더욱 줄어들고 있었다. 이처럼 시간이 많으니 잡담으로 소일하는 시간이 많았다. 동료들에게는 잡담 시간이었으나 나에게는 귀중한 영어 회화 공부 시간이 되었고, 그것이 훗날 선교 사역에 큰 도움이 되었다.

여유롭다 못해 한가한 업무 시간을 보내다가 나에게 허락된 소중한 시간을 잘 활용해야겠다는 생각이 들었다. 그래서 집 근처에 있는 탈봇신학대학원에 입학했다. 회사에 다니며 신학 공부는 야간에 했고, 주말이면 교회에서 청년 담당 전도사로 일했다. 그런데 청년들은 시간이 지나도 신앙의 변화가 전혀 없었다. 변화가 너무 없으니 무척 답답했다. 그러나 사실 그것은 청년들의 문제가 아니라 나의 문제였다.

마침 LA에 있는 나성영락교회 대학부 담당 전도사님으로부터 연락이 왔다. 혹시 시간이 있으면 자신과 함께 주말에 있을 수양회에 가자는 것이었다. 그렇지 않아도 영적으로 답답하던 차에 잘됐다 생각하고 따라나섰다. 나는 그때도 내가 가고 싶어서 수양회에 간다고 생각했는데, 후에 알고 보니 주님은 목적이 있어서 나를 보내신 것이었다.

수양회는 참 은혜로웠고, 나는 많은 도전을 받았다. 첫날 밤, 집회가 끝나고 자유 기도 시간이 되었다. 일부는 늦게까지 남아서 기도했지만, 대부분은 다음 일정을 위해 취침에 들어갔다. 나는 잠을 이룰 수가 없었다. 나와 내가 섬기는 청년들에게 신앙의 변화가 있기를 간절히 구했다. 주님이 그 기도에 응답해 주시기 전에는 잠도 자지 않겠노라며 밤늦도록 주님께 떼를 썼다.

미끄럼틀

● 한밤중, 몇 시인지는 알 수 없었으나 기도 중 갑자기 어두웠던 방에 밝고 큰 영상이 나타났다. 영상은 너무나도 선명했다. 그때 내가 눈을 뜨고 있었는지 감고 있었는지는 기억이 없다. 주님이 주신 그 영상은 누가 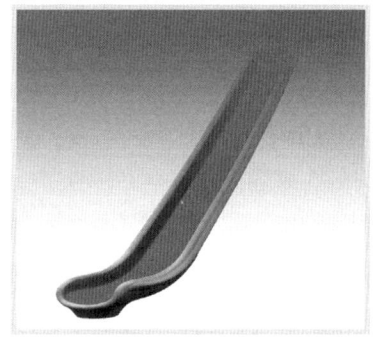 알려 주지 않았으나 직감적으로 알 수 있었다. 하늘색의 미끄럼틀이었다.

내 생전에 보지 못했던 장면(영상)이 보이기 시작했다. 내가 기도하고 있었던 곳은 작은 방이었는데, 그 방이 영화관같이 큰 방이 되어 있었다. 그 모양은 너무나도 환상적으로 아름다웠다. 색깔이 선명했고 그 재질이나 모양도 세상에서 본 적이 없었다. 그 미끄럼틀은 곡선을 이루었는데 그 끝은 하늘에 닿아 있었다. 나중에 그와 비슷한 사진을 만들어 보았으나 그 아름다움은 무엇으로도 표현할 수 없었다.

내가 미끄럼틀이 왜 나타났나 의아하게 생각하고 있을 때 미끄럼틀 꼭대기로부터 흰 종이 몇 장이 펄럭이며 내려왔다. 그러더니 점점 더 많은 종이가 계속 미끄러져 내려왔다. 얼핏 종이를 살펴보니 흰 종이에 검은 글씨가 쓰여 있었다. 처음에는 종이들이 줄을 이어 내려오더니, 나중에는 종이 상자들까지도 미끄럼틀을 타고 내려왔다. 나는 그것을 주님께서 나에게 말씀을 주신다는 뜻으로 감지했다. 그러나 어떻게 말씀을 주실지는 알 수 없었다.

수족관

● 다음 영상은 큰 수족관이었다. 수족관의 영상 역시 선명했다. 수족관에는 물이 가득 차 있었으며 검은색의 더러운 찌꺼기들이 가득했다. 찌꺼기들이 물속에서 서서히 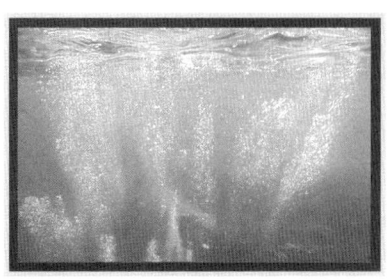 움직이고 있었는데, 갑자기 수족관 한가운데서 깨끗한 물이 급히 밀려 들어오면서 더러운 물이 사라지고 순식간에 수족관이 깨끗한 물로 가득 찼다. 나는 놀라며 속으로 질문했다. '이런 일이 어떻게 가능할까요?' 이것이 두 번째 나타난 영상이었다.

둘 다 같은 수족관이었지만 그 안에 채워진 물은 완전히 달랐다. 두 수족관의 의미를 알 수 없었다. 아직까지도 확실히는 모른다. 다만 더러운 것을 깨끗하게 하시겠다는 의미임은 확실한 것 같았다. 그러나 누가 그것을 언제, 어떻게 할지는 알 수 없었다. 주님이 세상을 뒤집어엎어 버리고 깨끗하게 하시는 일에 나를 개입시키겠다는 뜻은 절대 아니었다. 그런 일은 주님께서 직접 하실 일이다.

하나님은 미끄럼틀 영상을 먼저 보여 주며 말씀을 주겠다는 것으로 시작하셨다. 그러므로 수족관의 물을 깨끗하게 하시겠다는 것은 일차적으로 나에게 주신 하나님 말씀으로 그것을 이루겠다는 의미라고 생각했다. 하나님은 후에 선교지에서 나를 통하여 그런 일을 많이 이루셨다. 선교지의 내 제자들은 그런 일을 하신 주님의 역사를 지금도 다 인정하고 있다.

사실 더러운 찌꺼기들은 우선 내 모습을 보여 주는 것이었다. 나는 내가 그런대로 괜찮은 사람이라고 생각했으나, 주님께서 주시는 말씀에 비추어 보니 내 안에는 더러운 찌꺼기들이 가득 차 있었다. 물론 나는 그리스도의 피로 깨끗함을 받았지만 실제 삶에서 오염된 것이 많이 보였다. 앞으로 내가 성화된 모습으로 나타나는 것이 주님의 뜻이었다. 선교지에서도 내 안의 오염된 것들을 나에게 많이 보여 주셨다. 그리고 주님은 그것을 깨끗하게 하기를 원하셨다.

여러 선교지를 거쳐 지금에 이르러 보니, 역시 오염된 부분이 많았음을 깨닫게 된다. 그것은 우리가 당장 당면한 네 가지 오염이었으며, 결국 우리가 싸워야 할 대상들이었다.

첫 번째는 깨끗하게 되어야 할 나 자신의 오염이었다.

두 번째 나타난 오염은 무엇보다 하나님 말씀의 오염이었다. 올바르지 못한 말씀들이 세상과 교회를 오염시키고 있었다.

세 번째 오염은 욕심이었다. 세상 사람들은 물론이고 믿는 사람들까지 선교사들의 돈을 취하려 했다. 중국 교회 지도자들 사이에서 이권이 생겨났는데 그 이권들은 외국의 선교사들에게서 비롯됐다. 선교사들이 선교지 교회들과 접촉하면서 그들에게 금전을 제공하는 것이 관례가 되어 버렸다. 그래서 그 금전이 교회들을 오염시키고 있었다. 하나님께 드린 헌금이 부정한 방법으로 흘러 들어가고 있었다.

네 번째 오염은 거짓이었다. 세상은 거짓의 아비인 마귀가 지배하고 있기 때문에 온갖 거짓이 난무하고 있는데, 심지어 선교지의 교회들에서도 거짓이 판을 치고 있었다.

주님은 이러한 오염들을 나에게 보여 주셨다.

당연히 그 더러움을 내가 깨끗하게 바꿀 수는 없다. 단지 내가 할 수 있는 것은 나를 먼저 말씀으로 깨끗하게 하고, 주님이 주신 말씀을 전파하며 사는 것이다. 주님이 원하시는 삶은 주님이 주시는 성령님의 역사로 말씀을 전파하며 사는 일이다. 주님은 성령님의 역사로 계속 그것을 이루어가실 것이다. 언제, 누구에게, 어떻게 이런 일이 일어날 것인지, 정말 이런 일들이 실제로 일어날 것인지 영상을 통해서는 확실히 알 수가 없었다. 그렇더라도 그것이 주님이 계획하시는 일이라고 생각하고 나는 그것을 마음에 담았다.

비 내리는 강

● 　　　이제는 장면이 바뀌어 LA에 있는 강과 흡사한 모양의 강이 나타났다. 미국에서 쉽게 볼 수 있는 강인데, 제방이 콘크리트로 되어 있고 강의 넓이는 고속도로 4차선 정도 되었다. 그 중간에는 좁은 골이 있었다. 이런 강은 큰비가 내리면 강물이 불어나지만 평소에는 작은 개울로 물이 조금씩만 흐른다. 나는 홀로 투덜거렸다.

"물이 흐르려면 큰물이 되어야지, 이 작은 개울은 무엇인가요?"
그때 마음에서 들려오는 음성이 있었다.
"그 개울을 자세히 보아라."
그래서 다음 장면을 보았다. 그 강의 다음 장면은 이전 장면과 전혀 다른 것이 없었다. 그런데 자세히 살펴보니 그 강에는 비가 내리고 있었다. 큰 소나기이면 좋았을 텐데 단지 부드러운 이슬비였다. '비를 주셨으니 언젠가는 강물이 조금씩 불어나겠지. 그리고 큰 강이 되겠지' 하는 마음이 들었다. 강 영상도 서로 다른 두 가지의 모습이었지만 모두 같은 강이었다.

그러고는 다섯 가지 영상이 사라졌다. 그 영상들은 사실 그렇게 크고 선명할 필요가 없었다. 후에 깨달은 것이지만, 주님은 그것들이 확실히 이루어진다는 것을 나에게 알리시려고 선명한 영상들을 보여 주셨던 것이다.

그 후 나는 그 영상들을 잊었지만, 내 삶에서 중요한 일이 생길 때마다 그 영상이 생각났다. 그렇게 주님은 나의 삶에 목표를 주셨다는 것을 꾸준히 상기시켜 주셨다. 그것은 내 삶에 항상 위로가 되었다. 특히 내가 영적으로 어려울 때마다 큰 위로가 되었다. 아직 그 목표가 확실하진 않았지만, 주님께서 주신 그 삶에 어떤 목표가 있다는 믿음은 흔들리지 않았다.

내 삶에 목표가 생기고 나니 세상에서 추구하던 과거의 욕망이 자꾸 희미해졌다. 세상 것을 위해 남을 이용하는 것에도 흥미가 없어졌다. 수많은 유혹과 위협이 생겨도 주님이 보여 주신 그 목표는 더욱더 확고해졌다. 성경을 알아 가며 하나님이 요셉에게 보여 주셨던 삶의 목표가 생각났다. 그와 같이 하나님께서 그 영상들을 통해 나의 삶이 흔들리지 않게 하신 것이 아닐까 생각한다. 물론 나는 요셉처럼 훌륭한 믿음의 사람은 아니다. 그러나 주님께서 내 삶의 목표를 세우셨다는 것이 나의 삶에서 매우 중요한 비중을 차지하고 있었다.

회사에서 들었던 하나님의 음성

● 　　　앞서 말했듯 회사에서 여유 시간이 많아져 그 시간을 이용하여 야간에 신학 공부를 시작했다. 처음에는 신학교에서 학위를 따려는 계획이 없었다. 나는 단지 성경에서 알고 싶은 것들을 공부하고 싶었다. 그리고 가능하면 신학교 과정을 다 마치기를 원했다. 후에 깨닫고 보니 이는 선교를 준비시키기 위한 과정이었다.

내가 원했던 성경학교와 일부 신학교 과정을 마쳤을 때 이상한 일이 생겼다. 회사의 한 건물에서 다른 건물로 이동하던 중 내 안에서 목소리가 들려온 것이다. "네가 원하던 소원이 이루어졌다." 누구의 목소리인가 하여 주변을 둘러보았으나 아무리 봐도 나에게 말한 사람은 없었다. 귀로 들린 것은 아니었으나 나는 분명히 음성을 들었다.

나는 그 음성의 의미를 이해하려고 해보았다. 그 자리에 서서 2~3분을 생각했다. 나의 이상한 행동에 사람들이 힐끗힐끗 쳐다보며 지나갔다. 그 주위에서 전화 공사를 하던 한 인부가 나의 이상한 모습을 보고 조롱하기도 했다. 나는 아무리 생각해 봐도 그 음성의 의미를 알 수가 없었다. 그래서 나는 결국 그 음성을 향하여 물었다. "도대체 내게 어떤 소원이 이루어졌나요?" 그때 주님은 나의 소원이 어떻게 이루어졌는지를 깨닫게 하셨다.

나는 대학교 입학시험 때 서울대학교 조선항공과를 지원했다. 당시 한국은 항공기 산업이 뒤처진 나라였다. 그래서 나는 앞으로 발전할 한국 항공기 산업에 종사하기 원했다. 그러나 입학시험에서 낙방하고는 그 꿈이 깨지고 말았다. 그것은 오래전 일이었고, 이제는 내 관심사에서도 완전히 사라진 상태였다.

그런데 내가 들었던 그 말씀에 의하면, 그 소원을 이루어 주셨다는 것이었다. 당시 나는 우주 왕복선 관련 일을 하고 있었는데, 우리 회사의 그 항공기는 세계에서 기술적으로 가장 앞서 있었고, 가장 비싼 항공기였다. 나는 내가 잘나서 그 길을 가고 있다고 생각했는데, 그 목소리에 의하면 주님이 그것을 해주셨다는 것이었다. 미국에 온 것도, 시카고 공장에서 쫓겨난 것도, LA의 우주 왕복선 회사에서 근무하게 된 것도 다 주님이 하셨다는 것이었다. 너무나 어이가 없어서 나는 한참을 하늘만 쳐다보았다.

그날 같은 장소에서 내 사무실로 돌아가던 중 같은 장소에서 그 음성이 또 들렸다. "또 다른 소원도 이루어졌다." 나는 또 2~3분 동안 깊이 생각했다. 그때도 나는 그 뜻을 도저히 알 수가 없었다. 나는 결국 또 포기하고 "나의 어떤 소원이 또 이루어졌나요?" 하고 물었다. 주님은 나에게 그것도 알려 주셨다.

1969년 7월 20일, 세계 최초로 인간이 달에 착륙했다. 그것은 이전에 없었던 놀라운 사건이었기에 온 세상 사람들이 흥분했다. '과연 인간이 달에 착륙할 수 있다는 말인가!' 그 당시 나는 대학교 친구들과 함께 모여 그 장면을 TV로 보기로 했다. 우리 중 TV가 있는 집은 오직 한 집뿐이었고 그마저도 흑백 TV였다. TV에서 우주인은 달에 성공적으로 착륙한 후 달 위를 걷고 있었다. 한밤중인데도 사람들은 환호했고, 모두 인간의 달 여행 성공을 축하했다.

그때 내가 또 한 가지 매료됐던 것은 지구에 있는 상황실(Control Room)이었다. 그들은 우주인이 달을 여행하며 우주선에서 하는 일들을 점검하고 안내해 주었다. 미국 휴스턴에 있는 상황실에서 엔지니어들이 우주선과 소통하고 협조하는 것을 보며 나는 그것이 무척 부러웠다. 그래서 엔지니어가 되려면 이런 엔지니어가 됐으면 하는 바람이 있었다. 그러고는 정작 나는 그것을 까맣게 잊고 있었는데 주님께서는 그 소원도 이루어 주셨다는 것이었다.

우주 왕복선이 지구 궤도에서 운행을 시작하면 그 분야 엔지니어들은 의무적으로 상황실 근무에 들어간다. 상황실을 계속 점검하며 잘못된 것이 있으면 보고하고 수정해야 한다. 상황실은 내가 한국에서 처음 보았던 휴스턴에 있었다. 그러나 내가 일하던 당시는 안전을 위해서 휴스턴과 LA 두 곳에서 상황실을 운영했다. 나는 그중 LA 상황실에서 근무했다. 전에 환상적이라고 생각하고 소원하던 일이었고, 그 방에 들어간다는 것 자체가 보람 있는 일이었다.

하지만 실제로 내가 그 일을 해보니 육체적으로 매우 고달팠다. 우주선이 지구 위에 뜨면 상황실에는 하루 24시간 3교대로 근무해야 했다. 우주 왕복선은 1시간 반마다 지구를 한 번씩 돌고 있었다. 우리는 한밤중에도 근무해야 했기 때문에 힘들었다. 그때는 혹시 실수할까 봐 밤에도 몰려오는 잠을 쫓아가며 항상 긴장해 있었다. 어쨌거나 나는 내가 소원하던 일을 하면서도 현실에 파묻혀 과거의 나를 잊어버리고 있었다.

나는 내가 내 마음대로 살고 있다고 생각했지만, 주님은 나를 주님의 계획대로 인도해 주셨다. 내 마음대로 내 인생을 결정하며 살았다고 생각했으나 실은 주님이 모두 결정하셨다는 것을 알고 나서 나는 깜짝 놀랄 수밖에 없었다.

사무실로 돌아가면서 나는 몸이 몹시 떨리는 것을 느꼈다. 사무실에 돌아와서는 내 안에서 기도가 나왔다.

"주님이 제 소원을 다 이루어 주시고 인도하셨음을 감사합니다."

그때 주님은 또 말씀하셨다.

"네 소원들을 이루며 살았다면, 그것이 너에게 만족한 삶이었니?"

앞으로 더 만족한 삶으로 인도해 주겠다는 주님의 암시라고 생각하고 대답했다.

"그것이 남들이 부러워하는 축복된 삶이기는 하지만 세상을 섬기는 삶이 어찌 만족한 삶이 되겠습니까? 앞으로는 주님이 원하시면 주님이 원하시는 다른 삶을 살겠습니다."

앞으로 어떻게 될지는 모르지만 그렇게 나는 주님이 원하시는 길을 가겠다고 서원했다. 그 서원이 앞으로 나의 삶을 얼마나 엄청나게 변화시킬지 그때는 전혀 감지하지 못했다.

하나님이 다른 삶으로 인도하시다

● 2주 후, 회사에서 전에 없었던 이상한 일이 나에게 생겼다. 나와 친하게 지내는 샌더스라는 미국 동료가 있었는데, 그는

실력 있는 백인이었기 때문에 빨리 진급하여 금세 감독관(supervisor)이 되었다. 그런데 누가 퇴근 후에 샌더스의 의자에 인분을 발라 놓았다는 것이다. 사무실 분위기로 봐서는 전혀 상상조차 할 수 없는 일이었다. 저녁 늦게 그런 일이 있었다고 하는데, 마침 그날 나는 늦게까지 할 일이 있어서 사무실에 홀로 남아 있었다. 그 건물에서 몇백 명이 근무하는데 그날 저녁 늦게까지 남아 있었던 사람은 나 혼자였고, 그러니 그 일을 저지른 사람은 분명히 나라고 직원들이 자기들 나름대로 결론을 내렸다. 나는 샌더스에게 악감정을 품을 이유가 전혀 없었는데도 일이 그렇게 꼬여 버렸다.

그리고 얼마 후 미국 나사의 예산이 삭감되면서 일부 직원의 해고가 있었다. 그때 샌더스의 인분 사건 때문에 내가 해고 명단에 포함될 것이라고 상관이 언질을 주었다. 그러나 그것은 표면적으로는 그것이 전부인 것처럼 보일 수 있으나, 사실은 내가 하나님께 서원했기 때문에 하나님께서 나를 다른 곳으로 보내시려고 그렇게 한 것이었다.

새로운 여정

● 그렇게 허허벌판에 내몰리고 보니 앞으로 내 삶이 어떻게 될지 알 수 없었다. 나에게는 아무 준비나 계획이 없었기에 당황할 수밖에 없었다. 이제 직장이 사라졌으니 이것저것 시도해 보았다.

그러나 아무 문도 열리지 않았다. 사실 문이 열리지 않은 것은 아니었다. 주님은 전에 나에게 중국으로 가야 한다는 강력한 마음을 주셨지만 내가 애써 그것을 묵살하고 있었을 뿐이다.

내가 야간으로 신학을 공부할 때 사람들이 나에게 앞으로 어떤 사역을 할 것이냐며 자주 물었다. 앞에서도 말했지만, 나는 특별한 목적이 있어서 신학 공부를 시작한 것이 아니었다. 그저 성경을 더 알고 싶었을 뿐이었다. 나도 목적을 잘 몰랐지만, 그렇다고 해서 사람들에게 대답을 안 할 수도 없었다. 그런데 그때 내 입에서 "나는 중국을 섬길 것입니다"라는 말이 불쑥 나왔다. 그때 내 말을 듣고 있던 아내가 집에 돌아와 펄쩍 뛰었다.

"아니, 아무 계획도 없이, 준비도 없이 어떻게 중국에 간단 말이에요?"

"참, 그렇네요. 미안해요. 내가 왜 그런 말을 했지! 앞으로는 그런 말 안 할게요."

후에도 사람들은 나에게 왜 신학 공부를 하느냐고 질문했다. 나는 아내에게 다시는 중국 이야기를 하지 않겠다고 약속했지만 나도 모르게 계속 중국에 갈 것이라고 대답했다. 마치 하나님께서 나귀를 통해 발람에게 말씀하시던 것같이 내 입에서는 중국 이야기가 계속됐다.

아직 중국이 완전히 개방되지 않은 때여서 중국을 여행한다는 것은 너무 위험했다. 그러나 시간이 지나면서 주님께서 주신 소원은 더욱더 강력해졌다. 나는 더는 그 소원을 외면할 수 없어서 결국 중국의 천진(天津)으로 떠났다. 아내는 내가 왜 중국으로 가야 하는지 아직 몰랐다. 사실 나도 잘 몰랐다. 왜 굳이 가야 하냐고 물어도, 안 갈 수가 없어서 간다고 할 수밖에 더는 설명할 길이 없었다. 아내는 내가 중국으로 가는 것을 결사반대했고 크게 화를 냈다. 아내는 내가 공산국가에 가면 살아 돌아올 수 없을 것이라고 생각했다. 이 일 때문에 우리 부부는 크게 다투기도 했다. 그러나 나도 중국으로 가야 한다는 내 강력한 소원을 꺾을 수가 없었다.

"너희 안에서 행하시는 이는 하나님이시니 자기의 기쁘신 뜻을 위하여 너희에게 소원을 두고 행하게 하시나니"(빌 2:13).

결국 나는 비행기표를 샀고 중국으로 떠났다. 선교지로 간다고 해서 나를 도와줄 사람도 없었고, 격려해 줄 사람도 없었다. 나는 우리 가족의 생활비 중 일부를 떼어 여비와 약간의 중국 체재비를 충당했다.

미국에서 한국을 경유하여 천진으로 갔다. 당시 한국에서 중국으로 가는 항공 요금이 무척 비쌌기 때문에, 한국에서 천진으로 가는 길은 비행기 대신 여객선을 이용했다. 지금은 비행기로 2시간이면 갈 수 있지만, 그 당시 뱃길은 3일이나 소요되었다.

여객선 안에서는 이미 신자들이 선교 활동을 하고 있었다. 3일 동안 그들과 교제하는 중에 그들은 이미 나의 신분을 파악하였다. 그래서 배 안에서부터 기독교인들과 선교의 협력이 이루어졌다. 그들이 최초로 하던 일은 중국에 성경을 공급하는 것이었다. 그 당시 성경을 공급하는 일은 매우 중요한 사역이었다. 한국만이 아니라 여러

나라에서 중국에 성경을 보내 주었고, 그것은 이후 그곳 사람들에게 성경을 가르칠 수 있는 기반이 되었다.

중국 사역의 시작

● 　　중국에서는 중국인에게 전도하는 것이 불법이다. 전도하면 체포된다. 천진에는 한국인 회사에서 직장을 얻으려고 이주한 조선족 동포들이 있었다. 내가 알게 된 회사에도 믿는 형제자매들이 있었다. 나는 그들과 매일 밤 성경 공부를 하며 신앙 훈련을 했다. 그들은 믿음의 삶보다 경제적인 성공을 목적으로 중국에 온 것이었기에 신앙에는 큰 진전이 없었다. 미국이나 천진이나 그런 면에서는 별로 다를 바가 없었다.

그렇게 첫 선교지에서 3개월이 지났다. 하루는 한 회사 직원에게 연락이 왔다. 그 회사는 선교사업을 지원하고 있었고, 내 선교를 위해 사무실도 제공해 준 곳이었다. 우리에게 호의적이었던 한 중국 공안을 통해 회사로 연락이 왔는데, 지금 중국 공안부에서 비밀리에 나를 조사하고 있다고 했다. 해를 당하지 않으려면 빨리 중국을 떠나야 했다.

중국 공안의 수사 방법은 독특했다. 그들은 내가 회사 일을 통해 얻은 이익을 추적했다. 내가 중국에서 얻을 이득이 있어 중국까지 왔을 것이라고 보고, 중국에 온 후 어떤 이익이 있었는지를 조사했다. 쉽게 말하자면 내가 그동안 돈을 얼마나 벌었냐는 것이다. 그들이 알아본 결과, 내가 받은 월급은 하나도 없었다. 나는 단지 성경만 가르치고 있었기 때문이다. 그것이 내가 수사의 대상이 되게 했다.

회사에서는 내가 중국 정부의 수사 대상에 올랐으니 당분간 중국에서 떠나 있으라고 했다. 그래서 나는 중국을 떠나야 했다. 회사 직원들은 중국의 철저한 수사에도 불구하고 나를 그 위험에서 벗어나게 도와주었다.

미국 나사에서

● 처음 시도했던 나의 선교는 그리 성공적이지 못했지만 중국에 대해 많이 알게 되었다. 그리고 이를 토대로 중국에 대해 많은 것을 공부하고 미래의 사역을 준비할 수 있게 되었다.

중국에서 철수할 때 주님은 나에게 특별한 상을 주셨다. 첫 선교의 열매는 별로 없었지만 주님은 나의 첫걸음을 기뻐하셨던 것 같다. 그 상은 나에게 큰 기쁨을 주신 것이었다. 예수님의 말씀에 의하면 그것이 '내가 알지 못하던 양식'이었다. 그때는 너무 기뻐서 마치 어린아이처럼 깡충깡충 뛰어다니며 살았다. 약 3개월 동안을 그렇게 지냈다. 어른이 왜 그렇게 방정맞게 뛰어다니냐는 비난을 듣기도 했다. 그런 비난에도 그 기쁨은 사그라들지 않았다.

그런데 이제 시간이 지나니 여전히 내게는 할 일이 없었다.

"주님, 이제는 무엇을 해야 하나요? 무엇보다 저는 세 아이와 가정을 책임져야 할 가장입니다."

그렇게 기도한 며칠 후 미국 나사 측에서 연락이 왔다. 2년 동안 나에게 시니어 엔지니어로 일을 해달라는 것이었다. 그때 내가 오래전에 주님께 불평하던 일이 생각났다. "남들은 계속 진급하는데 나는 왜 항상 말단에만 있어야 합니까?" 사실 내 일은 장거리 전화로 하는 일이 많았는데 전화로 하는 일에는 한계가 있었다. 진급이 없어도 그냥 만족해야 하는데 그때 욕심이 생겨 그런 불평을 했다. 그래서 나사의 초청은 마치 주님이 "네가 높은 자리에 있고 싶으면 네 소원대로 한번 해봐라"라고 말씀하시는 것 같았다.

실업자였던 나는 당장 그 일을 수락할 수밖에 없었다. 전에는 나사의 하청 회사에서 일했으나, 이번에는 나사 소속이 되었다. 나사에서 일한다고 하면 온 세상 사람이 다 부러워한다. 그런 회사에서 엄청난 위치인 시니어 엔지니어로 나를 불러 준 것이다. 그러나 한편으로는 덜컥 겁이 났다. 누가 봐도 나는 그런 일을 할 자격이 없었다. 말도 안 되는 자리였다. 시니어 엔지니어로서 나는 실력이 한참 모자랐고, 영어 실력도 부족했다. 수백 명의 직원 중에 오직 나만 완전한 영어를 구사하지 못하는 이민자 출신이었다.

나의 직장은 캘리포니아주의 팜데일(Palmdale)에 있는 공장으로 항공기를 제작하고 정비하는 일을 했는데, 나는 우주 왕복선의 모든 기계 분야를 담당했다. 그들은 대부분 유경험자이고 전문가였지만 나는 우주선에 대해 그렇게 깊은 지식이 없었다. 주위 사람들이 당신 같은 사람이 어떻게 여기 오게 되었냐고 직설적으로 묻기도 했다. 누가 들어도 그것은 맞는 말이었다. 팜데일의 나사 프로젝트는 총책임자 한 명과 그 아래 관리자 다섯 명이 하청 업체를 비롯해 약 300명 직원의 업무를 총괄하고 있었다. 나는 그 관리자 다섯 명 중 하나였다. 그들이 나에게 어떻게 여기 오게 되었냐고 물을 때마다 나는 속으로 이렇게 대답했다. '하나님께서 나를 보내셨지.'

많은 전문가가 나에게 모든 작업 계획과 결과에 대해 최종 승인을 받아 가야 했다. 몇몇 엔지니어는 내가 있을 당시 30년 전 달에 보냈던 아폴로 우주선 만드는 일에 종사한 기술자들이었다. 어떤 사람들은 나의 풋내기 경력을 보고 나서 나를 멸시하는 태도를 보이기도 했다. 스트레스가 심해서 잠시 그 직책을 포기할까 하는 생각도 했다. 그러나 곧 하나님께서 보내셨다면 할 수 있을 것이라는 믿음이 생겼다.

> "사람이 감당할 시험밖에는 너희가 당한 것이 없나니 오직 하나님은 미쁘사 너희가 감당하지 못할 시험 당함을 허락하지 아니하시고 시험 당할 즈음에 또한 피할 길을 내사 너희로 능히 감당하게 하시느니라"(고전 10:13).

그래서 나는 이 일을 감당할 수 있도록 아침마다 출근 30분 전에 기도로 먼저 일을 시작하기로 했다. 그리고 열심히 공부도 시작했다. 다른 시니어 엔지니어는 꼭 필요하지 않으면 현장 확인을 하지 않았다. 서류상의 절차가 옳으면 서명으로 승낙하고 끝냈다. 그러나 나에게는 모든 현장을 확인할 권리가 있었고 그 일을 알아야 했기 때문에 현장 확인을 빌미로 그들이 만든 모든 서류와 작업을 비교하며 공부했다. 그렇게 하니 내 업무가 쉽게 이해되었다.

사람들은 시니어 엔지니어가 왜 현장에 자꾸 나돌아 다니냐며 의아해했다. 그러나 나는 모르는 일이 있으면 직접 알아보기도 하고 사람들과 토의도 했다. 나는 누구보다도 바빴다. 시간이 지나면서 주님께서는 일을 잘 감당할 수 있도록 나에게 필요한 지혜도 주셨다.

그 결과 나는 우주선에 관하여 구석구석 다 알게 되었다. 그렇게 주님은 나에게 내 임무를 다하게 하셨다. 더 나아가 나는 그들이 잘못하고 있는 부분도 발견할 수 있었다. 그것을 바로잡으려 하니 반발이 생겼다. 그러나 대화를 통하여 그 잘못들을 바로잡을 수 있었다. 주님이 시작하신 일이기에 주님이 다 해결해 주신 것이다. 그러면서 나사로부터 내가 일을 잘하고 있다는 평가도 받았다. 그 후로는 나를 무시하던 이들이 나를 두려워하게 되었다.

주님은 나를 불러 맡기신 그 역할을 실패로 끝내게 하지 않으셨다. 그렇게 내 모든 소원을 다 이루게 하셨다. 그러나 나는 이후로는 세상 일을 마치게 될 터였다. 따라서 그 성취들은 더는 내 삶에서 의미가 없었다. 이상하게도 주님의 뜻을 이루고 싶은 소원만이 내 생각을 지배했다. 나의 마음에는 오직 말씀을 모르며 방황하는 중국인들을 돕고 싶은 소원뿐이었다.

"하나님의 은사와 부르심에는 후회하심이 없느니라"(롬 11:29).

나는 나사에서 근무하면서 매주 월요일부터 금요일까지는 나사 공장에서 머물다가 주말이면 집으로 돌아갔다. 한번 길을 떠나면 3시간 동안 운전해야 했기 때문에 녹음된 성경 말씀을 들으며 오랫동안 공부할 수 있었다. 오가며 말씀 공부도 하고, 묵상도 했다. 그때 송영선 목사님이 나에게 많은 도움을 주었다. 그는 이 일을 위해 기도로 나를 세워 주는 일도 게을리하지 않으셨다. 말씀 공부를 통한 깨달음이 너무도 놀라워 나는 뜨거운 전율을 자주 느끼곤 했다.

내가 나사에 있는 동안 주님이 내게 보여 주신 미끄럼틀 영상을 통해서도 이렇게 말씀들을 깨닫게 하셨다. 주님은 여러 가지 방법으로 나에게 엄청난 것들을 가르쳐 주셨다. 모두 나를 훈련하시는 귀한 시간이었다.

나사에서 일하는 사람들 중에도 신실한 기독교인들이 있었다. 우리는 점심시간에 매일 만나 성경 공부도 하며 아름다운 성도의 교제를 유지했다. 나는 신학교에 다닌 경력도 있고 모인 사람들 중에서 위치가 가장 높았기에 그들은 나를 모임의 리더로 대우해 주었다. 특히 나는 제이슨 형제와 내가 깨달은 말씀을 개인적으로 오래 나누며 교제했다. 주님이 미끄럼틀 영상에서 보여 주신 대로 그렇게 인도하시는 말씀과 교제가 우리에게는 큰 축복이었다.

다시 선교지를 섬기다

● 나사 일이 익숙해지고 쉬워지자 나는 시간의 여유가 더 많이 생겼다. 나는 나사에 양해를 얻어 앞으로 할 일들을 미리 다 해놓고 다시 선교지들을 다니기 시작했다. 내가 맡은 일에 책임을 다할 수만 있다면 한 달에 한두 주간 자리를 비우는 것은 특별히 허락해 주었다. 나는 내가 할 일들을 다 해놓아 내가 없어도 회사 일에는 아무 지장이 없도록 했다. 이후에 검토할 서류들은 선교지에서 돌아와 빨리 처리하면 되었다. 무척 힘들었지만 부지런하기만 하면 두 가지 일을 다 해낼 수 있었다. 그렇게 나는 선교지와 나사를 계속 왕복하며 두 일을 동시에 감당했다.

선교지에 다니며 나는 처음에 주로 농촌 교회들을 가르치기 시작했다. 교육 대상은 주로 농촌의 설교자들이었다. 그들은 목회자가 아니라 지도력이 있는 교회 집사들이었다. 그러니 성경 말씀을 거의 몰랐다. 그러나 농촌의 설교자들은 하나님께 마음이 가난해서 성경 학습의 결과가 놀라웠다. 무엇보다 말씀을 통한 깊은 사랑의 관계가 우리의 마음을 뜨겁게 했다. 그리고 그들은 말씀에 항상 갈급해 있었다. 전에 돈을 벌려고 천진에 왔던 신자들의 신앙 훈련 결과와는 많이 달랐다.

나사에서 일하는 동안 나는 자비량 선교를 했다. 나사에서는 내 급료는 물론이고 주택도 제공해 주고 교통비와 식비, 심지어 술값까지 다 주었다. 나사는 이렇게 최고급으로 나를 대우해 주었다. 물론 술값을 청구하는 일은 없었다. 나는 식비와 교통비를 따로 선교비로 구분해 놓았다. 그것만 해도 매달 사용할 선교비가 차고 넘쳤다. 그리고 나사 일이 끝난 후에는 내 선교 일을 지원하던 몇몇 사람이 선교 경비를 지원해 주었다. 그 이후로도 지금까지 경비가 부족해서 일을 못 한 적이 한 번도 없었다. 사실 나에게 필요한 건 항공료와 교통비뿐이었다.

나는 다짐했다. 중국의 성도들이 주님의 말씀보다 선교사의 재물에 관심을 두게 된다면 더는 그들을 섬기지 않겠다고. 당시 많은 중국 교회가 선교사들의 재물을 탈취하는 데 혈안이 되어 있었고, 그런 것들이 선교에 큰 방해가 되었기 때문이다.

우주 왕복선 일의 마무리

● 　　우주 왕복선은 자동차처럼 계속 찍어내는 것이 아니다. 필요할 때 만들거나 수리한다. 따라서 우주 왕복선 일이 없으면 공장은 다시 그 일을 할 때까지 문을 닫는다. 내가 일하던 공장도 당분간 문을 닫게 되면서 나는 계약대로 나사를 떠났다. 그리고 그 후부터 나는 세상 일과는 결별하였다.

이렇게 주님은 나에게 세상에서의 남은 소원도 다 이루어 보게 하셨다. 이제 더는 세상에서 해보고 싶은 것이 없었다. 세상 사람들이 자기 것을 자랑해도 전혀 부럽지 않았다. 이것은 내가 세상 모든 미련을 떨쳐 버리게 하시려 한 주님의 역사였다. 이후로 주님은 내가 주님이 원하시는 일에만 집중하게 하셨다.

내가 처음 선교지에 갔을 때는 전혀 준비되지 않은 상태에서 시작했기 때문에 모르는 것이 많았다. 그러나 나사와 선교지를 왕복하며 선교하는 동안 많은 것을 배웠다. 그리고 2년간의 선교 여행을 통해 많은 것을 준비할 수 있었다. 물론 선교지에서의 말씀 훈련은 계속되었고, 내가 나사 일을 끝내면 한 교회에서 나를 선교지로 파송하여 앞으로 선교에 전념하기로 약속되어 있었다. 그러나 이후 사지마비가 되면서 선교사 파송은 자연스럽게 취소되었다.

나사의 일이 휴식기에 들어갔을 때, 엔지니어들과 점심으로 송별회 파티를 하고 집으로 돌아왔다. 그런데 바로 그날 나의 몸에서 이상이 생겼다. 다리에서 힘이 빠지면서 주저앉고 말았다. 긴급히 진단을 받았더니 즉시 수술을 받지 않으면 위험하다고 했다. 그래서 나는 그날로 큰 병원에 입원하고 수술을 받았다. 목의 중추신경이 심하게 눌려 있기 때문에 그 눌려 있는 것을 제거해야 한다고 했다.

장애인이 되다

● 수술 후 마취에서 깨어나 보니 나는 사지마비 장애인

이 되어 있었다. 수술 후유증으로 목에 있는 중추신경에 손상이 있었다고 했다. 중추신경은 온몸에 영향을 주는, 마치 뇌와 같은 곳이다. 나는 걸을 수도 없었고, 팔과 손가락조차도 움직일 수 없었다. 주님은 Rockwell International에 다닐 때 나에게 다른 일을 할 것이라고 알려 주신 적이 있었다. 영적인 음성을 통해 주셨던 앞으로의 계획들이었다. 그러나 주님은 내가 세상 일에 종지부를 찍는 그 정확한 시간에 나를 장애인으로 만드셨다. 나는 선교 일이건, 세상 일이건 아무것도 할 수 없게 되었다. 이제 나는 100퍼센트 남에게 의존하며 남의 도움만 받는 장애인 신세가 되었다. 죽은 몸이나 마찬가지라고 생각했다.

왜 주님은 나에게 계획하신 일을 장애로 시작하셔야 하는가? 나는 도저히 이해할 수 없었다. 먹는 것과 대소변 보는 것, 가려워서 긁는 것까지 나는 남의 도움을 받으며 살아야 했다. 원망도 하고, 불평도 하고, 눈물도 흘리며 지냈다. 이게 말이나 되는 일이냐며…. 고통이 견딜 수 없을 정도가 되니 차라리 목숨을 거두어 가셨으면 하는 마음도 생겼다.

언젠가 병실 침대 앞에 있는 TV에서 큰 교통사고로 사람이 즉사했다는 뉴스를 보았다. 나는 그 즉사한 사람이 부럽다는 생각이 들었다. 그 정도로 힘들었다. 그러나 동시에 그럴 때마다 나에게는 하나님의 어떤 계획이 있을 것이라는 생각도 들었다. 만일 이것이 하나님의 계획이라면 나는 살아 있어야 했다. 그러면 이제 죽은 것과 마찬가지인 상태로 살라는 말인가? 의사들은 나에게 아무 도움도 주지 못했다. 물리치료사들도 도움이 되지 못했다. 병문안도 위안이 되지 못했다. 이 어려움에서 벗어나게 해줄 분은 오직 하나님뿐이었다.

나는 1년 가까이 매일 하나님께 부르짖으며 살았다. 그런데 주님은 이 어려움을 통해 나를 고치고 계셨다. 내가 주님만 의지하도록 훈련하신 것이다.

내가 대학생 때 있었던 일이다. 우리는 응봉동에 있는 빈민촌에서 살고 있었다. 당시 우리가 살던 낡은 집 온돌방을 수리하는 공사를 한 적이 있었다. 그때 할머니는 홀로 연탄불을 피워 가며 방바닥을 열심히 말리셨다. 공사가 끝난 젖은 방바닥을 천천히 말렸어야 하는데 연탄불로 급히 말리면서 바닥에 균열이 생겼다. 거기서 연탄가스가 새어 나왔다.

나는 전에 하던 대로 학교에서 시험이 끝난 후 집에 와서 낮잠을 잤다. 곤하게 자고 있는데 누가 일어나라고 하며 나를 흔들어 깨웠다. 나중에 내가 할머니에게 그때 혹시 나를 깨우셨냐고 물었지만 할머니는 그러지 않았다고 하셨다. 그러면 누가 깨웠냐고 하자 그때 우리 집에 들어온 사람은 아무도 없었다고 하셨다. 나는 두통이 너무 심해서 밖으로 나가다 그대로 쓰러졌다. 그러고는 몇 시간이 지났다. 견디기 힘든 두통이 또 엄습해 왔다. 그 후에 들은 이야기이지만, 내가 그 방에서 조금만 더 잤더라면 나는 연탄가스 중독으로 사망했을 것이라고 했다.

주님은 이처럼 나를 기적적으로 보호해 주셨다. 나는 주님이 그렇게 나를 보호해 주셨으니 앞으로 나의 삶에 어떤 목적이 있지 않을까 하는 막연한 믿음이 있었다.

병원에서 고통 중에 있으면서도 나는 내가 모르는 하나님의 계획이 있을 것이라는 막연한 생각이 들기 시작했다. 그러면서 주님이 나에게 보여 주신 영상들과 약속의 말씀들이 생각났다. 그것이 나에게 위로가 되기 시작했다. 그렇게 믿음의 눈으로 보기 시작하자 그때부터는 소망이 생겨났다.

"내가 그리스도와 함께 십자가에 못 박혔나니"(갈 2:20).

시간이 지나 나중에 깨달았다. 그 일은 내가 그리스도와 함께 십자가에 못 박히는 삶을 살지 않았기 때문이며, 그래서 나에게 바른 삶을 살게 하시려는 주님의 계획이었다. 나의 사지마비를 통해 주님은 그렇게 나의 새로운 성품을 만들고 계셨다. 내가 주님을 완전히 의지하지 않으면 나는 과거처럼 내 생각을 의지하여 일을 할 것이 자명했다. 나에게는 내 건강이 중요했다. 그러나 주님은 나를 앞으로 다른 영혼들을 보살피는 사람으로 만들기 원하셨다.

병원에 3개월간 입원해 있으면서 주님께서 전에 영상들을 통해 보여 주셨던 계획들이 생각났다. 그것이 다시금 믿어지자 나의 삶이 소망의 삶으로 바뀌었다. 소망이 생기니 기쁨이 생겼다. 기쁨이 생기니 간호사들은 물론 여러 병원 직원들과의 관계가 좋아졌고, 그들은 모두 나의 친구가 되었다. 내가 입원했던 롱비치 병원은 입원실이 1,000개나 된다. 병원 직원들은 그 많은 환자 중 가장 비참한 상태에 있으면서도 이상하게 그중에서 가장 행복한 환자라고 나를 평했다. 그래서 그들은 나를 이름 대신 '해피'(Happy, 행복)라는 별명으로 불렀다. 사람들이 계속 나에게 물어 왔다. 어떻게 가장 비참한 내가 가장 행복할 수 있냐고.

　내 이야기가 소문나서 실의에 빠진 환자들이 면담하려고 나를 찾아왔다. 그래서 나는 예수님이 나를 행복하게 해주셨다며 그들에게 예수님을 소개했다. 어떤 사람은 "또 그 예수 이야기야!" 하면서 즉시 등을 돌렸다. 쿠퍼라는 환자도 나를 찾아왔다. 그는 작곡가였는데 자살을 시도했다가 실패하여 큰 상처만 입고 장애인이 되었다. 희망을 잃고 건강까지 잃어버리며 심각한 상태가 되었던 그는 다시 죽을 생각만 하고 있었는데 내 모습을 보며 희망이 다시 생겼다고 했다. 이렇게 비참한 상태에서도 행복해 보이니, 나처럼 행복해질 수 있다면 어떤 짓이라도 하겠다고 했다. 나는 예수님 이외에는 다른 방법이 없다고 하며 복음을 소개해 주었다. 쿠퍼가 퇴원할 시간이 되어 더는 이야기를 나눌 수 없었지만, 그는 반드시 복음을 숙지하고 말씀에 순종하겠다고 나에게 약속한 뒤 병원을 떠났다.

　병원에 있을 때 나에게 배정된 정신과 의사가 내 병실을 찾아왔다. 나는 그에게 정신과 문제는 전혀 없으니 나를 귀찮게 하지 말라며 방문을 거절했다. 그러나 그는 매일 나를 찾아왔다. 나 같은 경우를 당하면 정신 이상이 나타날 확률이 높으니 상담을 받으라고 계속 권했다. 나는 '당신보다 내 정신이 더 건강하다'며 계속 진료를 거부했다.
　나는 진료를 거부할 뿐 아니라 오히려 '당신에게 문제가 있으니 내가 당신의 문제를 도와주겠다'고 했다. 그랬더니 의사는 정말 내가 정신적으로 심각한 문제가 있다고 생각했던 것 같다. 그 의사는 나에게 무엇이 자기의 문제라고 생각하는지를 물었다. 나는 복음을 소개하며 '당신은 지금 좋은 처지에 있다고 생각하지만 예수님을 안 믿으면 멸망한다'고 답했다. 그렇게 나는 의사가 찾아올 때마다 계속 복음을 이야기했고, 그는 경청했다. 그러나 병원 직원들은 종교 문제를 다룰 수 없었기에 얼마 후 더는 나를 찾지 않았다.

나는 병상에 있었지만 내 마음은 항상 사랑의 교제를 나누던 선교지에 가 있었다. 그 아름다웠던 교제가 항상 그리웠다. 밤에 꿈을 꾸면 선교지를 향해 비행기를 타고 날고 있을 때도 많았다. 내가 이런 어려움을 겪는 동안 아내는 자신도 앞으로 이 선교에 동참해야 한다는 주님의 뜻을 깨달았다.

이후로 아내는 선교 일에 적극적으로 협조하였다. 나와 가르치는 일에 항상 동행하지는 않았지만, 내가 사역하도록 모든 일에 동참하고 동역자가 되었다. 이처럼 주님은 우리의 아픔을 통해 계속 우리를 변화시키고 계셨다.

1년쯤 지나자 몸이 차차 회복되며 손발을 조금씩 움직일 수 있게 되었다. 때가 되니 주님이 나의 몸을 어느 정도 회복시켜 주셨다. 그러나 나에게는 아직 많은 장애가 남아 있었다. 건강에 많은 문제가 있었지만 중단했던 선교 여행을 다시 시작했다. 몸이 불완전했기 때문에 가끔 넘어지고 상처를 입기도 했지만, 선교지를 다니며 뜨거운 말씀과 사랑의 교제를 나누는 것이 나에게는 가장 행복한 일이었다.

2부

미끄럼틀 영상:
말씀을 찾아 몰려오는 사람들

선교지로 다시 돌아가다

● 　　사지마비에서 어느 정도 몸이 회복되고 나서, 나는 우선 전에 섬기던 선교지를 찾았다. 중단되었던 말씀의 교제가 다시 회복됐다. 우리는 회복된 만남을 통하여 말씀을 깨달으며 서로를 더욱 신뢰하게 되었다.

앞에서도 언급했지만, 그들은 예수를 믿고도 말씀을 몰랐다. 몰라도 너무 몰랐다. 그런데 성령님이 역사하시니 그들이 말씀을 깨닫기 시작했다. 말씀을 좋아하고 말씀에 몰입하게 되었다. 우리가 말씀에 파묻히면 몇 시간도 잠깐이었다. 쉬지 않고 한 번에 4시간 동안 집중하며 공부하는 일은 특별한 일도 아니었다. 말씀을 받아들이지 못한 사람이라면 그 정도로 집중하는 것은 절대 불가능한 일이었다.

계속된 신학교 성경 강의

● 북경에서 서 선교사님을 방문하였다. 우리는 서로 아는 사이도 아니었는데 주님이 우리를 기적적으로 연결해 주셔서 그와 교제하게 되었다. 우리가 만난 그 이튿날 마침 신학교 공부가 시작되었다. 중국에서 그런 학 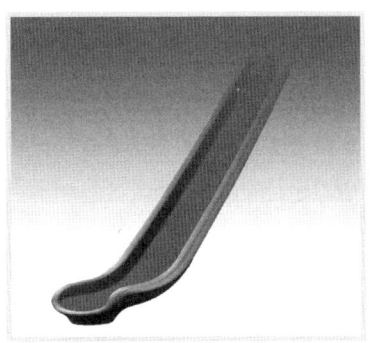 교들을 신학교라고 부르지만 사실은 대부분 성경학교였다. 서구사회와 같은 신학교의 모양이 갖추어지지 않았으나 그것들을 모두 신학교라고 불렀다. 그들은 폐허가 된 작은 공장을 빌려 지하교회로 이용했다.

서 선교사님은 그날 신학교를 구경해 보라며 나를 학교로 초청했다. 그런데 수업이 시작되기 직전에 서 선교사님이 당황한 얼굴로 1시간 정도 급히 다녀와야 할 일이 생겼다며 나한테 그 시간을 담당해 달라고 했다. 그래서 통역의 도움을 받아 수업을 진행했다. 중국어에 능통한 서 선교사님도 신학 강의는 통역의 도움을 받고 있었다. 서 선교사님 대신 1시간 동안 수업을 했는데, 뜻밖에 학생들이 열광했다. 1시간을 더 해달라고 요청해 강의가 1시간 연장됐다. 학생들이 3교시에도 내 강의를 듣고 싶다고 하자 선교사님은 아예 나머지 모든 일정을 나에게 다 맡겨 버렸다.

그 많은 강의를 다 소화하려면 누구에게나 당연히 많은 노트와 보조 자료들이 있어야 했다. 내가 갖고 있던 것은 오직 성경책과 내 마음속에 깊이 박혀 있는 말씀들뿐이었다. 그러나 주님이 나를 미리 준비시켜 주셨기 때문에 나는 주저함 없이 모든 강의를 기쁨으로 수락했다.

우리는 마태복음으로 수업을 시작했다. 강의 제목은 '마태복음'이었지만, 사실은 마태복음이라는 창을 통하여 성경 전체를 보여 주는 수업이었다. 보통 강의를 계속하려면 강의의 다음 내용을 계속 준비해 놓아야 다음 시간으로 연결하며 계속해서 수업을 진행할 수 있다. 그러나 이 강의는 진행될 때마다 한두 시간 전에 앞으로 전개될 강의의 내용이 내 마음속에서 계속 미리 준비되었다. 그래서 강의가 쉽게 연결되었다. 그뿐 아니라 내가 전에 깨닫지 못했던 말씀도 강의 도중 깨닫게 되면서 내 마음은 날아갈 것같이 기뻤다. 이런 강의는 사실 주님이 준비해 주시지 않으면 불가능하다.

내가 성경만 펴 놓고 강의를 계속하니 처음엔 학생들이 나를 수상하게 보았다. 다른 강사들은 강의 자료를 수북이 쌓아 놓고 수업을 했는데 나에게는 그런 자료가 전혀 안 보이니 이상하게 보일만도 했다. 휴식 시간이 되자 학생들과 통역사가 내가 분명히 강의 자료와 노트를 숨겨 놓았을 것이라고 생각하고 몰래 뒤지기 시작했다. 그러나 아무리 찾아봐도 그런 자료는 보이지 않았다. 원래 없었으니 보이지 않는 게 당연했다.

이후로도 오직 성경만으로 강의가 진행되었다. 그들은 내가 성경만 보고 그렇게 긴 강의를 계속하는 것을 보고 놀랐고, 나 역시 수업하는 나 자신을 보며 놀랐다. 중요한 것은, 강의를 길게 했다는 것이 아니라 강의를 통하여 학생들이 많은 변화를 받았다는 것이다. 그 강의에 학생들은 충격을 받았고, 또 그들이 성경을 새롭게 이해하는 계기가 되었다.

일부 학생들은 단지 예수님을 믿는다는 이유만으로 3년씩 감옥살이를 하기도 했다. 믿음을 포기하겠다는 약속만 하면 감옥에서 풀려날 수 있었다. 그러나 그들은 믿음을 포기하지 않고 3년간의 감옥살이를 택했다. 감옥살이를 통해 많은 고난을 겪은 형제자매들에게는 공통점이 있었다. 눈에서는 빛이 나고, 영적으로는 살아 있으며 활기가 넘쳐났다. 나는 그들을 통하여 고난이 유익이라는 것을 피부로 느낄 수 있었다.

안전 때문에 이런 모임은 단시일에 마치고 **빠르게 해산해야** 했다. 이것은 엄청난 강행군이기 때문에 강사로 섬기던 목회자들은 보통 이틀 정도 강의하고는 체력적으로 더는 버티지 못하는데, 혹 강사가 젊고 강인하면 3일까지는 한다고 했다. 그런데 이때 나의 강의는 12일 동안 이어졌다. 주일예배를 위해서 중간에 강의를 쉬었으나, 4시간의 예배 인도도 쉽지 않았다. 강의 시간만도 120시간이었다. 강의 막바지에는 내 발음이 부정확해져서 가끔 통역사가 말을 이해하기가 힘들다고 했다. 알고 보니 내 입의 근육이 너무 지쳐서 발음이 잘 안 된 것이었다.

나처럼 미국에서 날아와 밤낮이 바뀐 상태에서 장시간 강의를 해본 사람만이 이 일이 얼마나 힘든지 알 수 있다. 물론 나의 실력을 자랑하려는 것은 아니다. 인간의 힘으로, 장애를 가지고, 그리고 시차 때문에 밤낮이 바뀐 상태에서 이런 강의를 하게 하신 주님의 역사를 알리고 싶을 뿐이다. 그들은 그때 경험한 말씀의 역사를 30년이 넘은 지금도 잊지 못한다고 했다. 이후로도 그들은 말씀으로 계속 성장하여 지금도 중요한 사역들을 감당하고 있다. 그러면서 당시의 그 수업을 재현해 보자고 지금도 조르고 있다. 그만큼 그 강의는 그들에게 큰 영향을 주었다.

이 학교는 해마다 새로운 학생들이 들어왔고, 나는 학생들을 7기까지 가르쳤다. 그리고 그 학생들은 계속 그 배운 말씀을 그들의 후배들에게 전하고 있다. 그들은 지금까지도 대부분 우리의 충성스러운 동역자들이 되어 주님을 섬기고 있다. 그리고 문서와 강의 녹음을 통해서도 그 말씀 훈련의 사역은 계속되고 있다.

마태복음으로 성경 전체를 공부하자 학생들이 성경을 더 쉽게 이해했다. 주님이 사람들의 마음을 열어 주심으로 성경을 알고자 하는 사람들이 여러 도시에서 몰려들었다. 우리는 여러 성경을 가르쳤지만 특별히 마태복음에 공을 많이 들였다. 그만큼 인기도 많았고 열매도 많았다. 그것은 성경 전체를 더 쉽게 이해할 수 있게 해주는 좋은 도구였다.

나는 한동안 성경만 보며 강의했으나, 강의를 계속하면서 새로 깨닫는 부분들이 생겼다. 그 모든 것을 다 기억할 수 없어서 후에는 그 강의 내용을 기록하기 시작했다. 그래서 처음 시작했던 120분의 강의가 이제는 140~150분 강의로 늘어났다. 그리고 처음에는 한 번으로 끝나던 마태복음 강의도 이제는 3~4주로 늘어났다.

말씀을 배우고자 하는 신학생들과 사역자들의 요청은 항상 이어졌다. 마태복음 강의만도 50회는 족히 했을 것이다. 마태복음을 열 번 정도 공부한 제자도 있다. 마태복음 강의가 또 있으면 그는 또 찾아가서 공부한다. 어떤 신학교에서는 그 강의를 녹음하고 기록하여 교재로 쓴다. 내가 그들에게 교재를 만들어 줄 시간이 없으니 그들이 그렇게 만들어 쓰는 것이다.

주님이 계속 새로운 학교들을 연결해 주시고 사역자들을 보내 주셔서 나의 성경 강의는 계속됐다. 나는 말씀을 가르쳐야 할 신실한 사람들을 선별해서 방문했다. 이들을 찾는 데는 전혀 어려움이 없었다. 한 곳에서 모임이 끝나면 다른 여러 곳에서 모임을 하자고 또 요청해 왔다. 많은 사람이 성경을 배우기 위해 계속 몰려왔다. 마태복음이 끝나면 계속 다른 성경들을 강해했다.

나는 다른 사람들처럼 선교 대상자를 찾으려고 고민한 적은 별로 없었다. 주님이 계속 길을 크게 열어 주셨다. 주님은 그렇게 나 같은 장애인을 통해서도 자신의 일들을 하셨다. 한 주의 집회가 끝나면 나는 바로 다른 곳들을 택하여 성경을 계속 가르쳤다.

다만 나는 장애 때문에 감당할 수 있는 일의 양이 한정되어 있었다. 그래서 한 달 정도 순회 집회를 마치면 다시 집으로 돌아와야 했다. 휴식, 성경 공부 준비, 그리고 약한 몸의 관리와 치료를 위해 한 달 정도 집에 머물고, 선교지로 다시 떠났다. 처음에는 여행의 빈도가 잦았지만, 나이가 들어 가며 여행 횟수가 점차 줄었다. 내가 약한 육체를 감당할 수 없어서 그렇지, 가르칠 곳은 항상 밀려 있었다. 나는 할 수만 있다면 주님이 보내시는 모든 영혼을 최대한 가르치기 원했다.

이런 일을 하려면 그 모임의 행정이나 안전 관리를 비롯해 식비, 인건비, 여비, 헌금 등 재정적 관리가 필요했다. 그런 일에는 많은 노력과 재정이 필요한데, 이런 일은 내가 전혀 신경 쓸 필요가 없도록 선교지에서 다 감당해 주었다. 그렇게 우리는 자연스럽게 팀을 이루었다. 그래서 나는 많은 짐을 덜 수 있었다. 나는 한 주마다 여기저기 편하게 가르치며 다니곤 했다. 그야말로 가장 중요한 노른자만 쏙 빼먹고 빠지는 얌체처럼 되었다.

이런 재미있는 사역이 계속되는 동안 나는 주님이 나에게 말씀하시던 보람 있는 일이 이런 것이었음을 깨달았다. 육신은 피곤했지만 영적으로는 축복의 시간이었고 기쁨이 충만한 시간이었다. 이런 일들은 수없이 계속되어 마침내 그 사역이 30년 이상 지속되었다.

공부하러 찾아오는 사람들은 처음에는 보통 완행열차로 여행했다. 일주일간 공부하기 위해 이틀간 여행하는 것은 흔한 일이었다. 그러면 왕복하는 데만 4일이 소요된다. 당시는 성경 공부를 위해 왕복 6일을 여행하는 사람도 많았다. 그렇게 신실한 일꾼들이 소문을 듣고 성경을 배우기 위하여 몰려왔다.

오순절 계통 신자들의 열정

● 2004년 여름, 사람들이 하얼빈에서 성경을 배우려고 더

위를 무릅쓰고 방에 빽빽하게 모여 있었다. 당시 그들은 오순절 계통의 특징인 은사 중심의 사역을 하고 있었다. 말씀은 잘 몰랐으나 주님을 사랑하고 말씀을 흠모하는 열정은 특출했다. 또한 헌신되어 있었다.

나는 덥기도 하고 피곤해서 1시간 반을 공부한 후 15분 정도 휴식하기로 했다. 그런데 갑자기 뻰풍이라는 스무 살짜리 자매가 버럭 화를 냈다. 공부를 시작했으면 제대로 해야지 어떻게 공부를 시작하자마자 금방 또 휴식을 하자는 것이냐며 항의했다. 성경을 공부하려고 대학교 수업도 결석하고 왔는데 어떻게 공부를 그렇게 성의 없이 할 수 있냐고도 했다. 그래서 우리가 수업을 시작하고 시간이 얼마나 지난 것 같냐고 뻰풍에게 물었다. 10~15분 공부한 것 같다고 하기에 시계를 보여 주었다. 그리고 우리가 수업을 시작한 지 이미 1시간 반이 지난 것을 알려 주었다. 그제야 뻰풍은 시간이 그렇게 많이 경과한 것을 깨닫고 멋쩍어했다.

20일 정도 머물며 공부하면서도 그들은 시간이 너무 짧다고 볼멘 소리를 했다. 그들이 성경을 대하는 자세가 그랬다. 그처럼 말씀에 갈급했다. 이는 결코 과장이 아니다. 당시 마침 한국에서 방문한 한국인 목사님이 그 모임에 동참했고, 그 모든 것을 목격했다.

알슈와 산슈라는 두 자매가 탕자의 비유를 공부할 때의 일이다. 말씀이 탕자의 형에 대한 교훈으로 옮겨 갔다. 교훈의 초점은 우리의 신앙이 탕자의 형처럼 되어서는 안 된다는 것에 있었다. 통성기도 시간에 두 자매는 자기들의 신앙이 탕자의 형과 같은 신앙이었음을 깨닫고 여태껏 예수님을 잘못 믿었다고 통회하며 회개했다. 큰 수건이 다 젖을 때까지 그들은 통회했다.

우리는 다음 날도 모임을 계속했다. 알슈와 산슈는 자신들의 교만이 얼마나 크게 가책이 되던지 밤새 울다가 왔다며, 앞으로는 주님 앞에 새롭게 헌신하겠다고 다짐했다. 주님은 이런 식으로 자신의 일꾼들을 깨끗하게 하셨다. 내가 전혀 예상하지 못했던 반응이었다. 내 기도 중에 수족관을 깨끗하게 하시는 모습을 보여 주신 주님이 자신의 신실한 종들을 그렇게 깨끗하게 하고 계셨다.

마지막 날 공부를 마칠 때, 모임에 참석했던 사람들 중 반 정도는 집에 돌아가지 않고 기도하며 계속 머물러 있었다. 그들은 그렇게 집으로 돌아가기를 싫어했다. 우리에게는 헤어질 때가 가장 힘든 시간이었다. 마침내 헤어질 시간이 되었다. "선생님이 가시면 우리는 어떻게 합니까? 언제 다시 오십니까?" 하고 나에게 물었다. 항상 듣는 질문이었다. 주님이 알려 주실 것이라고 대답했더니 그들은 열심히 기도하겠다고 했다. 그들은 정말 열심히 기도했다. 이처럼 헤어지는 시간은 항상 아쉽고 힘들었다.

나는 건강을 관리하기가 너무 힘들어서 순회 집회의 일정을 줄이고 싶었지만, 말씀을 기다리는 사람들 때문에 감히 그렇게 할 수 없었다.

지하교회의 큰 무리

● 2015년 9월, 나는 여러 교회를 다니며 집회를 인도하다가 한 지하교회를 방문했다. 농촌에 있는 지하교회 발생지 중 하나인 LX라는 마을에 있었다. 집회를 위해 다 모였는데, 인원은 약 120명이었다. 그들은 모두 사역자였고 지도자였다. 시작부터 그들은 말씀에 몰두했다. 주님이 그들의 마음을 열어 주셨다. 그들은 그 말씀들이 전에 전혀 들어 보지 못했던 말이라고 했다. 그렇다고 내 강의가 특출한 것은 아니었다. 그냥 그들이 몰랐던 성경의 의미를 알려 주었을 뿐이다.

그 마을 사람들의 믿음과 주님을 사랑하는 마음은 대단했다. 그러나 말씀을 해석하는 방향이 중구난방이라 항상 혼돈 가운데 있었다. 성령님이 역사하셔서 그들이 말씀을 깨닫게 하셨고, 말씀으로 하나가 되게 하셨다. 말씀 선포 후 우리가 받은 말씀을 위해 같이 기도하자고 하니 온 무리가 통곡하며 회개하기 시작했다. 그 지역에서 그런 모임은 여러 번 반복되었다.

얼마 후 MQ라는 마을에서 또 집회로 모였다. 첫날 모임은 월요일 오전 8시부터 12시까지 계속됐다. 집회 중 나는 그날따라 예정에 없던 내 간증도 했다. 주님이 나를 어떻게 여기에 보내시게 되었나 하는 것들을 나누었다.

점심시간이 되어 몇몇 지도자가 우리와 함께 식탁에 둘러앉았다. 그런데 그중에 나를 전혀 모르는 사람이 한 명 있었다. 그에게 누구냐고 물었더니 E라는 지하교회의 중요한 지도자라고 했다. 알고 보니 그는 은밀하게 나를 평가하기 위해 와서 몰래 오전 강의를 다 들은 것이었다. 그는 자신의 제자인 G 목사님이 끈질기게 부탁해서 그 마을로 나를 찾아왔다고 했다. 사실 이 집회는 G 목사님 때문에 성사된 것이었다.

E 목사님의 말에 의하면 외국 선교사들 때문에 부작용이 많아서 그들은 외국인을 거의 상대하지 않는다고 했다. 그런데 그는 자신이 속한 모든 교회에서 내가 성도들을 가르칠 수 있도록 특별히 허가해 주었다. 주님이 그를 통해 문을 크게 열어 주신 것이다. 이제 나도 그들의 식구가 되었다.

중국에서는 지하교회도 정부 조직의 영향을 받아 대부분 군대 조직 같다. 그래서 한 사람의 뜻에 많은 무리가 따랐다. 교인이 100만이니 설교자만도 1만 명이 넘을 듯했다. 그러나 지금은 분파도 생겨서 교인 수가 그만큼은 되지 않는다는 이야기도 있다.

하여간 그는 나에게 중국 국내 사역에 필요한 경비를 모두 담당해 주겠다고 했다. 한 가지 문제는 내 나이였다. 그는 내가 그 일을 감당할 수 있을지 염려된다고 했다. 사실 그의 염려대로 나는 체력적으로 그 일을 잘 감당하지 못하고 있었다. 내가 다 못 하면 누가 그것을 채워 주어야 하는데 그러지 못한 것이 아직까지 아쉬운 점으로 남아 있다. 단지 나의 중국 제자들의 일부가 그 일을 감당하고 있을 뿐이다.

계속 늘어나는 선교지

● 　　주님은 그곳만이 아니라 말씀을 찾는 사람들을 계속 보내 주셨다. 그러나 나에게 계속 도움을 구하는 그 많은 교회를 나는 도저히 감당할 수 없었다. 그 일을 나와 함께 할 동역자를 찾았지만 나와 같은 사역을 하는 분을 찾을 수가 없었다.

　선교지에서 일꾼들을 세우는 것은 결코 쉬운 일이 아니다. 말씀을 찾는 사람은 많으나 내가 섬길 수 있는 교회는 한정되어 있었다. 그래서 나는 내가 감당할 수 있는 곳만 선택하여 섬길 수밖에 없었다. 나는 집중적으로 훈련할 교회들을 택해야 했다. 선택의 기준은 말씀을 통해 삶이 바뀌는가 하는 것이었다.

　나는 제자 훈련 중 어떻게 살아야 한다는 말을 가급적 하지 않는다. 오직 그들이 말씀을 깨닫게 도와줄 뿐이다. 말씀을 이해하면 그들은 말씀을 통해 어떻게 살아야 할지 깨닫고 그대로 따른다. 하나님의 말씀 자체에 능력이 있기 때문이다. 그러나 어떤 교회는 말씀을 깨닫고 변화되지만, 어떤 교회는 삶이 거의 변하지 않는다. 그러면 나는 변화가 있는 교회를 집중적으로 훈련할 수밖에 없었다. 이것은 예수님을 삶으로 따르느냐, 아니면 지식으로만 따르느냐의 차이였다.

　삶으로 주님을 따르지 못하는 데는 이단의 영향, 핍박 등 여러 이유가 있었다. 그러나 가장 큰 요인은 말씀도 챙기고 돈도 함께 챙기려는 욕심이었다. 그 당시엔 그랬다. 예수님은 하나님과 재물을 겸하여 섬기지 못한다고 하셨다.

"한 사람이 두 주인을 섬기지 못할 것이니 혹 이를 미워하고 저를 사랑하거나 혹 이를 중히 여기고 저를 경히 여김이라 너희가 하나님과 재물을 겸하여 섬기지 못하느니라"(마 6:24).

많은 사람이 두 가지를 다 챙기려 하지만, 결국 예수님 말씀대로 교인도 잃고 돈도 얻지 못하는 경우를 많이 보았다. 중국 교회가 처음부터 외국에 돈을 요구한 것은 아니다. 처음에는 외국, 특히 한국 교회에서 선교지를 서로 차지하려고 헌금 명목으로 돈을 주기 시작했다. 명목은 헌금이지만 내 눈에는 뇌물로 보였다. 그러다 선교지에 돈을 주는 것이 선교 문화로 굳어 버렸다. 결국 중국 교회에 돈을 주는 것이 선교의 의무처럼 되고 말았다. 내가 그들에게 돈을 주지 않으면 그들은 내가 선교의 의무를 실행하지 않는다고 생각했다. 그러면서 어이가 없다는 반응도 보였다.

처음에는 중국 교회가 가난했기 때문에 외국 선교사들의 헌금으로 교회가 운영됐다. 그때 중국 교회의 헌금은 무시할 만한 정도였다. 그래서 성도들이 드리는 헌금에 별로 신경조차 쓰지 않았다. 외국의 헌금 한 번으로 1년의 재정이 해결되는데 누가 적은 액수에 신경을 쓰겠는가? 결국 외국 교회들이 자기들 편의대로 선교지를 섬기다 보니 중국 교회가 영적으로 피해를 입고 있었다. 첫째는 돈을 섬기다 하나님을 잃게 된 것, 또 하나는 물질로 하나님을 섬기는 예배를 잃게 된 것이다.

잘못된 것을 고치는 것은 내가 할 일이었다. 그러나 나는 그런 일들을 감당할 여력이 없었다. 세상 욕심을 고치는 일은 무척 힘들었다. 그들을 고치려면 갑절 이상의 노력이 필요했다. 그래서 나는 그들을 선별하여 말씀을 위해 사는 사람들만 우선하여 말씀 훈련에 참여시킨 것이다.

아예 말씀을 잘 모르는 사람은 가르치기가 쉬웠으나, 잘못된 믿음으로 오랫동안 굳어진 마음을 고치는 것은 너무도 힘들었다. 특히 나이가 많으신 지도자들이 그랬다. 그래서 전체 모임에서 타인들의 피해를 최소화하기 위해 이런 분들은 피할 수밖에 없었다.

나이 많으신 지도자 중 어떤 이들은 성경에 일월성신이라는 말이 나왔으니 우리가 일월성신을 섬겨야 한다고 고집했고, 어떤 분은 자기의 중국 성경이 온 세계의 기준이라고 주장했다. 그래서 내가 구약성경 원본의 대부분은 히브리어이고, 신약성경 원본의 대부분은 헬라어라고 했다가 오히려 이단으로 몰려 쫓겨날 뻔했다. 그렇게 말도 안 되는 주장이 많아 힘들 때가 많았다.

이처럼 말도 안 되는 것으로 나를 힘들게 하는 사람도 있었지만, 그와 반대로 말도 안 되게 변화를 받는 사람도 많았다. 그들은 내가 사역을 이어 나갈 목적이요 힘이 되었다.

3부

선교지에서의 삶

주님이 정해 주신 선교의 방향

● 　　중국에서의 사역 방향을 결정하기 전, 나는 우선 중국 교회들의 현실을 알아보고 싶었다. 그래서 약 일주일간 시간을 내어 여러 교회를 순방했다. 그러나 아쉽게도 중국 교회는 별로 다니지 못했다. 주로 조선족 교회를 방문하여 설교를 들어 보았다. 그런데 성경 본문은 읽지만 설교와 말씀의 가르침은 거의 성경에 근거한 것이 아니었다. 대부분 자기 개인 생각을 말하고 있었다. 그래서 중국 교회의 가르침에 심각한 문제가 있다는 것을 깨달았다.

　　사실 나는 주님이 나로 하여금 그것을 깨닫게 하셨다고 생각한다. 그 사역자들이 고의로 진리를 왜곡한 것은 아니었다. 단지 성경을 너무도 모르고 있었기 때문이다. 그 당시 교회와 그 지도자들의 사정이 그랬다. 그것이 지하에서 발생한 교회의 현실이었다. 그래서 나는 말씀을 잘 모르는 그 사역자들을 위해 주님이 나를 부르셨다고 생각했다. 나에게는 앞으로 그들을 도와야겠다는 소원이 생겼다. 사역자들이 말씀에 바로 서지 못하면 자신뿐 아니라 자신의 양들도 제대로 먹일 수 없다.

불신자들을 상대로 직접 복음을 전하는 것은 중국에서 대단히 위험한 일이다. 노방전도로 많은 사람을 상대할 수도 없었다. 길거리에서 내가 상대하게 되는 사람이 누가 될지 모르기 때문이다. 그러나 이미 믿는 사역자들을 도우면 그들을 통해 말씀이 전파될 것이라는 생각이 들었다. 나는 사역의 방향을 그렇게 정했다. 그런데 그 사역이 그렇게 30여 년간 지속되었다. 전에는 내가 왜 그런 일을 계획했는지 잘 몰랐다. 그러나 후에 깨닫고 보니 그것이 주님이 나를 선교지로 보내신 목적이었다.

당시는 중국 국경을 둘러싼 다수의 외국인 복음 사역자들이 방송을 통해 복음을 전하고 있었다. 복음을 전할 중국 지역은 한없이 넓었다. 그러나 그들이 가야 할 사역지는 제한되어 있다. 사역지 방문은 위험한 일이기도 했다. 그래서 중국 주변 지역에서 라디오 방송을 많이 이용하고 있었다. 방송이 전도에 가장 효과적이지는 않지만 많은 지역에 복음을 전할 수 있다는 장점이 있었다. 이전에는 미국의 극동방송이 주축이 되어 그런 일을 많이 했다. 중국 당국도 중국을 직접 방문하는 전도 활동은 막을 수 있지만 외국에서 보내오는 전파는 막을 방법이 없다. 그래서 이처럼 전파를 타고 중국에 예수님의 이름이 많이 알려졌다.

중국 마을은 부족 단위로 형성된 곳이 많았다. 가족 단위로 농사하다 보니 가족들이 많아지며 부족이 된 것이다. 그래서 온 마을이 연로한 족장의 통치를 따르곤 했다. 그런데 한 마을의 족장이 불치병에 걸렸다. 모든 방법을 다 동원했으나 병세는 호전되지 않았다. 무당을 불러 굿도 하고 온갖 치료 방법을 써 봐도 효과가 없었다.

그러다 이웃 마을 사람들을 통해 예수를 믿고 기도하면 병이 낫는다는 이야기를 들었다. 지푸라기라도 잡는 심정으로 마을 사람들이 예수님의 이름으로 모였다. 예수가 누구인지는 잘 모르지만 능력이 있으면 족장을 살려 달라고 온 마을이 간절히 기도했다. 그런데 예수님이 그들의 기도를 들으시고 그의 병을 고쳐 주셨다. 그 결과 마을 사람 모두가 예수를 믿게 됐다.

어떤 사역자들은 한동안 중국 마을을 순회하면서 〈예수의 생애〉라는 영화를 상영했다. 누가복음을 주제로 만든 영화였다. 그런 사역들을 통해 예수를 믿게 된 사람이 부지기수였다. 그런데 그들을 먹일 목자들이 없었다. 간혹 목자들이 있어도 말씀을 제대로 이해하고 가르칠 훈련이 되어 있지 않았다. 사람들이 예수를 믿었어도 말씀으로 확실한 믿음을 세워 주지 못하자 후에 믿음에서 떠나는 이도 많았다.

그래서 일꾼들을 키우는 것은 무엇보다 시급한 일이었다. 그렇게 주님은 여러 가지 사건을 통해 내 사역의 목표는 일꾼들을 세우는 것임을 확고하게 하셨다. 예수님도 제자들에게 추수할 일꾼들의 절실함을 말씀하셨다.

"이르시되 추수할 것은 많되 일꾼이 적으니 그러므로 추수하는 주인에게 청하여 추수할 일꾼들을 보내 주소서 하라"(눅 10:2).

죄 사함 받았으니 멋대로 살자는 기독교 집단

● 가끔 정체 모를 기독교 집단들이 나타나 공동생활을 하기도 했다. 그들은 그리스도의 피가 우리의 모든 죄를 씻었기 때문에 이제는 죄에서 영원히 해방됐다고 주장했다.

> "그러므로 이제 그리스도 예수 안에 있는 자에게는 결코 정죄함이 없나니"(롬 8:1).

물론 맞는 말이다. 그러나 그다음이 문제였다. 죄에서 완전히 자유로우니 이제는 죄를 마음대로 지어도 된다고 가르치며 그것을 자유라고 해석했다. 남녀가 같은 방에서 합숙하며 방탕하게 살기도 했다. 어떤 짓을 해도 자신들은 죄와는 전혀 무관한 하나님의 자녀라고 주장했다. 그들은 열심히 성경 집회도 하고 종교 활동도 했다. 말씀을 제대로 모르니 많은 교회에서 그렇게 성경을 제멋대로 해석하고 있었다.

어떤 조선족 마을에서는 주일 낮에 예배드리고 열심히 성경 공부도 하고 성도의 교제도 나누다가 저녁이 되니 술집에 가서 술도 팔고 몸을 팔기도 했다. 죄책감도 없이 떳떳하게 그런 식으로 살았다. 이처럼 어떻게 예수를 믿어야 하는지 모르는 사람이 많았다.

혼합주의 신앙

● 　　　안휘성의 한 마을을 지나가다 한 교회에 들르게 되었다. 성도들은 갑자기 통보를 받았지만 서로 연락하여 큰 무리가 모였다. 그들은 마침 교회에서 사용하려고 차를 하나 샀다며 나에게 기도를 부탁했다. 그 차가 사고 없이 잘 운행되게 해달라는 것이었다. 그리고 또 병자들을 위해서도 기도해 달라고 했다. 나는 잠깐 기도하고 가려고 생각했는데 그들은 우리를 앉혀 놓고 한없이 기다리게 했다.

1시간쯤 지났을 때 갑자기 밖에서 폭죽이 터지기 시작했다. 그들은 차에 있는 악령들을 폭죽으로 우선 쫓아냈다고 했다. 악령들을 쫓아냈으니 이제는 기도의 능력으로 나머지 악귀들을 쫓아 달라는 것이었다. 그것은 하나님도 의지하고 미신도 의지하는 혼합주의 신앙이었다. 나는 그 기도를 거절했다. 이제는 그런 우상을 버리고 오직 하나님만 의지하라고 가르치고 그곳을 떠났다.

이 외에도 이런 잘못된 신앙의 예는 부지기수로 많았다. 그들은 대부분 말씀을 잘 모르기 때문에 잘못된 믿음 생활을 하고 있었다. 그래서 말씀을 제대로 가르쳐 주는 일이 무엇보다 시급한 문제였다. 대부분의 교회가 그렇게 말씀을 모르는 채로 시작되었다. 그러므로 그들을 말씀으로 세워주어야 그들의 신앙도 바로 설 수 있었다.

선교는 남을 위하는 일

● 　　선교지를 둘러보면서 내 사역의 방향이 정해졌다. 그런데 그들을 어떻게 섬겨야 할지에 관해서는 여전히 막막했다. 내가 과연 무엇을 해야 할 것인가 생각하는 중에 제일 먼저 떠오른 것이 내가 선교로 성공하려 한다는 것이었다. 나의 생각이 자연스럽게 그렇게 흘러가고 있었다. 나만이 아니라 너무도 많은 선교사가 자기의 성공을 위해 일하고 있었다. 물론 복음을 위한 열정도 다 있었다. 그 두 가지 마음이 항상 존재했다.

나는 전문적인 선교 훈련을 받지 못했다. 전문 훈련을 받은 선교사들에게도 선교지에서 생기는 불평과 불협화음이 많았다. 그들 중에는 선교 전문가나 선교학을 전공한 사람도 많았다. 그런 사람들에게도 문제가 있는데 나 같은 초보에게는 얼마나 문제가 많았겠는가? 나는 그런 갈등 가운데서는 사역을 올바로 할 수 없을 것 같았다.

그래서 하루는 사역지로 가는 기차 안에서 주님께 기도했다.

"어떻게 하면 내가 그들을 잘 섬길 수 있을까요? 이왕 내가 이곳까지 왔는데 내 잘못으로 그들에게 피해를 주고 싶지 않습니다."

그때 나에게 세미한 음성이 들렸다.

"무엇이든 너의 유익을 생각하지 말고 그들에게 유익이 되는 것만 생각해라."

주님의 방법은 너무도 간단했다. 쉽게 말하자면 선교로 성공하겠다는 생각을 포기하라는 것이다. 그런 말씀들은 잘 알고 있었지만 아직까지 그저 고상한 이론에 불과했다. 그러다 선교지가 가까웠을 때 결심했다. '주님의 뜻대로 제자들의 유익을 위해 나를 포기해 보자.' 나는 그것을 주님의 뜻으로 알고 내 선교 전략으로 삼았다. 그리고 선교 현장에 뛰어들면서 실제로 제자들을 챙기기 시작했다.

세월이 지나며 나는 그 선교 전략을 반추해 보았다. 복잡한 선교 이론은 몰랐지만 주님이 주신 그 방법이 거의 모든 문제를 해결해 주었다. 사실 그것은 선교 전략도 아니었다. 당연히 해야 할 일이었다. 포기할 것을 포기하면 되는 일이었다. 그런데 그것이 선교지에서 내가 받아들여지는 데 큰 역할을 했다. 나에게 그들을 위하는 마음이 생기자 모든 것이 그들을 위하는 방향으로 움직여졌다. 그리고 그들을 위한 지혜가 생겼다.

그 후로 나에게는 그 흔한 선교지와의 갈등은 아예 존재하지 않았다. 이단과의 갈등과 나의 돈을 갈취하려는 가짜 신자들과의 갈등 외에는 그 어떤 갈등도 없었다. 교회에서도 이 원리가 통하는 것은 마찬가지였다.

나는 나를 거쳐 간 두 가지 마음을 결산해 보았다. 두 가지 마음은 내 성공을 위한 선교와 남을 위한 선교였다. 그런 마음을 다 경험해 봤기에 나는 두 마음을 알고 있다. 결론적으로 말하면, 내 성공을 위한 선교는 한 번도 성공한 적이 없었다. 주님은 나에게 그들을 사랑하는 마음을 한없이 부어주셨다. 반면 그들을 섬기기 시작하자 오히려 열매가 많아졌고 인간관계가 좋아졌다. 그리고 내게도 영적인 풍성함이 있었다. 예수님도 무리를 사랑하는 동기로 사역하셨다.

"무리를 보시고 불쌍히 여기시니"(마 9:36).

만일 누가 나에게 나의 가장 중요한 선교전략이 무엇이냐고 묻는다면 나는 망설임 없이 대답할 것이다. "선교의 핵심은 내 성공이 아니고 나를 죽이고 남을 살리는 사랑의 행위다. 그것이 성공하는 삶이다."

섬기는 사역

● 한번은 요녕성 시골 마을의 사역자들을 모아 성경 집회를 하기로 했다. 나는 그곳으로 가는 기차에서 다시 기도했다.

"나는 그들의 유익만을 위해 섬기는 것에 순종하겠습니다. 그런데 구체적으로 오늘은 당장 무엇을 하면 좋을까요?"

그때 주님이 내 마음에 소원을 주셨다.

"그들에게 가면 먼저 그들의 발을 씻어 주어라."

사실 나는 제자들을 억압하고 함부로 대하는 선교사를 많이 보았다. 중국의 제자들이 무식하고 가난했기 때문이다. 그래도 사람들은 잘 따랐다. 나는 그것이 당연한 줄 알았다. 그러나 이제 그 모든 것을 당연하게 여기지 않고 온전히 그들을 섬기기로 했다.

그 당시 농부들의 발은 마치 짐승의 발처럼 거칠었다. 그 모습이 너무 부끄러워 감히 발을 내놓지 못하는 사람들도 있었다. 그러나 나는 그들의 발을 기쁜 마음으로 씻어 주었다. 사실 나는 내가 살아남기 위해 그렇게 복종한 것이었다. 그런데 시간이 지나며 그것이 그들을 향한 내 마음이 되었다. 나는 진정으로 그들을 섬기고 싶어졌다. 또 그것은 나의 진정한 기쁨이 되었다. 그리고 결국 그것은 나와 그들이 항상 뜨거운 사랑의 관계를 유지하는 뿌리가 되었다.

불리한 여건에서 시작한 선교

● 내 선교는 시작부터 독특했다. 나는 장애로부터 시작했다. 신체적 장애만이 아니라 선교사로 인정받지 못하는 장애, 배척받는 장애, 외로움의 장애, 재정적인 장애, 중국어의 장애 등 모든 것이 장애였다. 일부 선교사나 사역자들처럼 사람을 압도하는 카리스마도 없었다. 나는 선천적으로 목소리가 작아 150명 정도 모이는 큰 장소에서는 육성으로 메시지를 전달하지도 못했다. 목소리 큰 통역사가 없으면 메시지 전달이 불가능했다.

모든 것을 구비하고 있어도 쉽지 않은 것이 선교이다. 그런데 오히려 나는 약점이란 약점은 다 갖고 있었다. 그럼에도 선교지로 가야 하는 것은 주님이 주신 거역할 수 없는 사명 때문이었다. 내가 비록 약점을 갖고 있어도 그 사명은 수행해야 했다. 내가 의지하려던 것들은 주님이 모두 제거해 버리셨다. 나에게 남은 것은 주님이 주신 말씀과 성령님의 인도하심뿐이었다. 그것이 전에 주님께서 영상을 통해 내게 보여 주시고 약속하셨던 것이었다.

남들이 갖고 있는 것들이 나에게는 없으니 사람들의 눈에 나는 비정상이었다. 내가 취할 수 있었던 선교의 방법도 비정상적인 방법이었다. 그렇다고 그것이 나쁜 길은 아니었다. 단지 남들과 달랐을 뿐이다. 그러나 사람들은 그것을 나쁘게 보았다. 그것이 나를 힘들게 했다. 내 선교에 대해 비난하는 말도 많이 들었다. 비난 때문에 잠을 못 이루는 때도 있었다. 그런 대우를 당연하다고 생각했어야 하는데 그때는 쓸데없는 자존심 때문에 괴로워했다. 후에 깨달은 것이지만, 주님은 나의 그 불리한 여건들을 통해 일하셨다.

주님이 나를 위해 준비해 주신 것

● 나의 할아버지는 중국 선교사였다. 그는 일제강점기에 중국 만주 지방을 다니면서 40여 개의 교회를 개척했다. 그 결과로 나는 그때 중국에서 태어났다. 나는 중국에서 오래 살지 않았지만 부모님은 중국에 오래 살면서 중국의 영향을 많이 받았다. 나도 그 영향을 받아 중국의 풍습과 문화를 많이 알았기 때문에 차후 중국을 섬기는 데 이점이 많았다.

내가 미국 이민의 길을 택하고 나서 신분증을 만들 때 미국 관리가 나에게 출생지를 적으라고 했다. 그래서 나는 사실 그대로 중국이라고 기록했다. 그런데 미국에서는 그것이 국적과 같은 의미였다. 덕분에 나는 본의 아니게 법적으로 중국계 미국인이 되었다.

나는 선교지를 다니며 중국 국경을 수없이 드나들었다. 중국 관리들은 나의 중국 출입 횟수가 너무 잦은 것에 자주 트집을 잡았다. 그러나 크게 문제가 되지는 않았다. 나의 이전 국적이 중국으로 되어 있었기에, 중국 사람이 중국을 자주 방문하는 것은 당연하지 않냐며 오히려 반박하고 넘길 수 있었다.

어느 날 나와 친분이 있는 한 중국 선교사가 나를 찾아왔다. 그는 중국 영사관으로부터 앞으로 영구히 중국 입국을 금지한다는 통보를 받다. 중국 출입이 너무 잦았기 때문이라고 했다. 그런데 나는 중국에서 입국 금지를 당하지 않았으니 왜 그런지 알고자 했다. 그리고 다시 중국에 갈 수 있는 해법을 물었다.

나는 그때 나의 여권을 보여 주었다. 그리고 나의 출생지가 중국으로 기록되어 있고, 중국에서 출생한 사람이 중국을 자주 찾는 것은 자연스러운 일이기에 나는 추방당하지 않았노라고 말해 주었다. 내가 추방당하지 않게 하시려고 주님은 이렇게 나의 여권도 미리 준비해 주셨다.

2001년 가을, 북경을 통해 입국한 후 나는 점심때가 되어 공항 근처에 있는 식당으로 갔다. 식당에는 어떤 미국인을 중심으로 한 무리의 사람이 있었다. 음식을 기다리는 동안 그들이 하는 이야기를 무심코 듣다 보니, 그들은 모두 믿는 형제자매들이었다. 한 미국인이 중국인 사역을 위해 입국한 직후였다.

나는 같은 믿는 자로서 너무나 반가워 "형제자매님들, 반갑습니다. 나도 예수 믿는 사람입니다" 하고 인사했다. 그러자 그들은 중국 관리가 자기들을 취조하려는 줄로 오해하고 긴장했다. 그리고 그 위험에 대비할 방도를 황급히 찾았다. 그래서 나는 나도 믿는 사람이고 중국 사람이 아니니 염려하지 말라고 안심시켰다.

외국인들은 우선 외모가 눈에 띄었고, 그에 따라 쉽게 노출되었다. 그 나라는 항상 감시하는 체제이기 때문에 이처럼 눈에 띄는 서양인보다는 같은 동양인들의 선교가 훨씬 유리했다.

내가 중국인처럼 옷을 입고 다니면 사람들은 나를 중국인으로 생각했다. 길을 가다 보면 나에게 길을 묻는 사람이 부지기수였다. 반면 서양 사람이 선교지에 나타나면 그들은 금방 외국인인 것이 드러난다. 그러면 온 마을이 그를 주목한다. 그래서 서양인에게는 불리한 점이 많았다. 특히 내가 많이 가는 중국 시골에서 서양 사람이 선교 사역을 한다는 것은 거의 불가능했다. 이처럼 주님께서는 내가 이런 일을 할 수 있도록 모든 환경을 준비해 주셨다.

선교 전략 간의 마찰

● 2005년 겨울, 나는 선교 일정을 마치고 잠시 서울에 들

렀다. 그때 한 교회가 나에게 자랑스럽게 자신들의 선교 계획을 보여 주었다. 그것을 보고 나는 너무나 놀랐다. 그것이 건축업자의 계획인지 선교에 대한 계획인지 헷갈릴 정도로 선교지에 교회를 건축하는 계획뿐이었다.

나는 선교지의 가난한 교회를 구제하는 것을 권장한다. 하지만 그것이 내가 알고 있는 바람직한 선교는 아니다. 중국 교회는 심각한 말씀 영양실조에 걸려 있었다. 영양실조에 걸린 환자에게 영양가 있는 음식 대신 가구를 주는 의사가 어디 있겠는가? 중국이 앓고 있던 병은 말씀 결핍증이지 물질 결핍증이 아니었다. 그런데 환자의 상태와는 무관하게 선교사 자신들이 원하는 치료법을 내놓고 있었다.

한국이 중국과 처음 외교 관계를 시작할 당시 중국 교회는 극도로 가난했다. 150명이 모여 집회를 할 때도 그들에게는 건물을 마련할 능력이 없었다. 그때 한국 교회에서 건물을 지어 주며 많은 교회에 큰 도움을 주었다. 그것은 잘한 일이라고 생각한다. 그러나 중국 교회에 자생 능력이 생겼는데도 계속해서 건물 짓는 선교를 밀고 나가는 것은 올바른 선교 전략이 아니다. 10여 년 전에 잘한 일이었다고 해서 지금도 그렇게 하는 것이 좋다고 할 수는 없다.

사실 건물을 지어 주는 선교가 가장 쉽다. 손쉽게 선교의 가시적 성과를 낼 수 있다. 건물을 세워 준 선교사와 도움을 받은 교회들은 멋진 건물을 보며 박수를 보낸다. 그리고 선교사는 선교에 성공했다고 칭찬을 받는다. 그러나 중국 교회가 믿음의 길을 걷기 시작했으면 이제는 주님의 몸 된 교회를 스스로 희생하며 섬겨야 바른 신앙의 길을 갈 수 있다. 그들은 그것을 감당할 재력도 있다.

나는 재물 때문에 타락하는 선교지를 많이 보았다. 선교사는 그들이 성장할 기회를 박탈하면 안 된다. 건물을 화려하게 지어 주어서 선교에 성공할 수 있다면 온 세계는 이미 다 복음화되었을 것이다. 선교에서 남는 것은 건물이 아니라 사람이다.

1987년, 내가 필리핀 마닐라의 선교센터에 거주할 때 목격한 일이다. 태평양전쟁 이후, 미국 교회는 황폐한 필리핀 교회를 도우려고 헌금을 많이 하여 교회 건물을 지어 주었다. 물론 정상적인 선교로 열매를 맺은 미국 교회도 많았다. 그런데 어떤 미국 교회들은 말씀 중심으로 선교하기보다 물자의 힘으로 교회를 부흥시키려 했다. 큰 교회를 지어 주고 구호물자를 보내며 사람들을 불러 모았다. 필리핀 사람들은 구호물자를 받으려고 벌떼같이 교회로 몰려왔고, 선교사들은 그 사진을 찍어 보내며 자기들이 선교에 성공했다고 홍보했다. 이것은 아주 쉽게 선교에 '성공하는' 방법이었다. 그러나 얼마 후 교인은 다 사라지고 건물 관리인만 홀로 남아 비가 새는 건물을 지켰다.

물론 극단적인 얘기는 하지만, 근본적으로 교회 건물로 선교하는 전략은 결국 그렇게 될 수밖에 없다. 나는 이런 방법으로 선교에 성공한 사례를 거의 본 적이 없다. 성공했더라도 그와 함께 올바른 말씀의 가르침이 있었기 때문이지 건물 때문만은 아니었다.

몇 년 전 시카고의 한 큰 교회에서 협력 선교사로 나를 초대했다. 나는 초대를 허락하고 그 교회와 협력하기로 했다. 사실 나에게는 협력이 전혀 필요 없었다. 단지 내가 중국을 떠나 있을 때는 항상 외로웠기 때문에 협력을 원했었다.

나는 담임 목사님 및 선교 담당자와 선교에 대해 상의했다. 목사님보다는 선교 담당 장로님에게 실권이 있어서 그가 선교의 모든 것을 주관했다. 담당 장로님은 자신들의 선교 전략을 나에게 설명해 주었다. 그들은 내가 선교지에 가면 그곳에 교회 건물을 많이 지어 주기 원했다. 그때 나는 공개적으로 그 전략에 반대했다. 말씀을 투자하여 사람들을 키워야지, 그저 물질만 투자하면 오히려 그들에게 해가 된다고 설득했다. 그러자 장로님은 화를 내며 그 자리를 떠났다. 그리고 그 협력 선교는 무산됐다.

비단 그 장로님만이 아니었다. 그런 선교를 하는 분들을 나는 너무 많이 보았다. 물론 열악한 선교지를 위해 선교센터 짓는 일과 같은 사업은 해야 한다. 그러나 능력이 있으면서도 자기 교회 건물을 다른 사람들에게 짓게 하는 것은 부당한 일이다. 실제로 중국 가정교회들은 건물이 작아서 대부분 자력으로 건물을 마련할 수 있었다.

구제에 관하여

● 이왕 필리핀 구제에 관한 말이 나왔으니, 여기서 잠시 구제 문제도 한번 생각해 보고자 한다.

마닐라 선교센터에 거주할 때, 센터에 요청하여 피나투보산을 방문한 적이 있다. 거기에 사는 원주민 마을에 갔는데, 그 민족은 유난히 키가 작아 피그미족이라고 불렸다. 그 산은 원래 고도가 1,745미터였으나 화산 폭발로 산이 낮아져 지금은 1,485미터가 되었다. 고산 지역이라 날씨가 서늘했지만 그들은 주요 부위만 밧줄로 가리고 거의 나체로 살고 있었다.

그들이 너무 딱하게 보여 교회에 알렸더니 여러 교회에서 헌 옷을 많이 보내왔다. 그런데 옷이 생기면서 평화롭던 마을에 불평이 생기고 싸움이 생겼다. 그들에게 공평하게 옷을 나누어 줄 방법이 없었기 때문이다. 옷 사이즈가 제한되어 있어서 어떤 사람은 두세 벌을 차지할 수 있었지만 어떤 사람은 하나도 얻을 수 없었다. 이처럼 무턱대고 물질을 나누어 주면 불평과 싸움이 생기기 쉽다. 사도행전 6장에도 과부들의 구제 문제로 원망이 생긴 이야기가 나온다.

말씀을 따르지 않은 구제가 선교지에서 문제를 일으키는 경우도 많았다. 구제한 사람에 대한 보상은 예수님이 하시는 것이다. 또 예수님은 구제할 때 오른손이 하는 것을 왼손이 모르게 하라고 하셨다. 그런데도 자기 선행을 알리기 위해 앞장서는 이들이 신자들이고 교회들이다. 나라에 천재지변이 생기면 사람들이 성금을 많이 낸다. 물론 이것은 좋은 일이다. 그런데 성금을 냈다고 신문에 광고가 제일 많이 나오는 사람을 보면 믿는 사람들이다. 그러한 선행으로 자신들의 위상이 높아졌을지는 몰라도 그들이 주님께 받을 보상은 없다.

예수님은 누가복음 14장 12-14절에서 우리에게 되갚을 수 없는 사람을 도우라고 하셨다. 그러나 우리는 우리에게 되갚을 수 없는 사람보다는 되갚을 만한 사람을 미리 알아보고 돕는 경우가 많다. 선교지를 도우면서도 어떤 형태로든지 본전을 찾으려 하니 선교지에서 심심치 않게 충돌이 일어났다.

선교헌금을 노리던 많은 교회와 사역자

● 하루는 중국 교인들이 다 쓰러진 폐가를 나에게 보여 주었다. 자신들이 처한 교회의 현실이 이러하니 도와 달라고 나를 속였다. 나는 처음에 그 모습이 너무 불쌍해 나에게 있는 모든 돈을 내주려 했다. 그런데 갑자기 하나님 말씀이 생각났다.

> "이 성전이 황폐하였거늘 너희가 이때에 판벽한 집에 거주하는 것이 옳으냐 그러므로 이제 만군의 여호와가 이같이 말하노니 너희는 너희의 행위를 살필지니라"(학 1:4-5).

> "나 만군의 여호와가 말하노라 이것이 무슨 까닭이냐 내 집은 황폐하였으되 너희는 각각 자기의 집을 짓기 위하여 빨랐음이라"(학 1:9).

학개에 의하면 당시 백성에게는 이미 집이 있었다. 그러나 하나님의 성전은 아직 없었다. 이 말씀은 여호와께서 학개를 통해 백성들을 꾸짖는 내용이다. 하나님의 집은 없는데 자기들 집을 먼저 짓는 것이 과연 하나님을 섬기는 바른 자세인지 질책하는 것이다. 이 말씀을 떠올리며 나는 중국 교회 책임자들에게 말했다. "자신들의 집은 잘 지어놓고 살면서 예배는 이렇게 쓰러져 가는 교회에서 드리고 있다면 그것은 큰 잘못입니다. 믿는 사람들은 그런 태도로 주님을 섬기면 안 됩니다."

그 중국 교회 가정들은 초라하게 살고 있지 않았다. 후에 들은 이야기이지만 그들이 나에게 보여 줬던 그 건물은 교회가 아니었다. 누군가 시골을 떠나 도시로 가면서 버려진 폐가인데 나한테는 교회라고 한 것이다. 그곳 교인들이 외국 선교사들의 돈을 갈취하기 위해 그런 일을 많이 했다.

어디에 가든 교회들은 전부 주님 대신 선교사를 의지하려고 했다. 그러면 결코 참된 신앙인이 될 수 없다. 나는 주님 대신 사람들과 돈을 의지하게 만드는 선교가 무척 싫었다. 그래서 잘못된 관행을 고치기 위해 그들과 계속 싸워야 했다. 그들이 그것을 고치지 않으면 나는 "선교사는 나의 목자이니 내게 부족함이 없으리로다" 같은 그들의 잘못을 꼬집는 듯한 시구를 만들어 들려주곤 했다. 일종의 충격 요법이었다.

중국 교회의 재정 문제

● 한번은 중국 동북 지방을 다니다 한 믿는 형제를 만나게 되었다. 우리는 서로 반가워하며 교제를 나누었다. 나와 대화를 나누던 중 그가 나에게 물었다. 혹시 중국 교회에 재정을 지원하는 대신 중국 교회에서 지원을 받으면서 사역하는 선교사를 알고 있냐고 했다. 나에 관한 이야기가 분명했다. 나와 동역하는 교회 대부분

이 그렇게 나를 지원하고 있었기 때문이다. 그러나 나는 모른 척하고 그 사람이 누구냐고 되물었다.

나는 당시 중국에서 성도들의 신앙이 성장하고 경제가 발전했으니 당연히 선교사에 대한 경제적 지원도 현지 교인들의 몫이라고 고집하고 있었다. 많은 교회와 신도가 내 생각을 따라 주었다. 그러나 자기들은 희생하지 않고 선교사들의 지원으로 교회를 섬기겠다는 풍조는 여전히 팽배했다. 자기를 희생하며 섬기는 신앙이 오히려 그들에게는 비정상이 되어 버렸다. 그래서 나는 고집스럽게 그 잘못된 풍조를 고쳐 나갔다. 그들과 마찰 없이 지낼 수도 있었지만 그들의 교회가 건전하게 되기 위해서는 계속 이런 싸움을 해야 했다.

그것은 재정에 관한 문제만이 아니었다. 신앙의 문제였고 영적인 문제였다. 말씀을 따라 나에게 동조하는 교회도 있었지만 거부하는 교회도 있었다. 거부하다가 결국은 항복하고 나를 따른 교회도 많았다. 선교사에게 교회 재정을 의존하려는 교회들은 내가 계속 결별하고 있었기 때문이다. 말씀과 돈, 두 가지를 다 얻으려는 교회는 결국 두 가지 모두를 잃었다. 반면 말씀을 잃지 않으려던 교회들은 재정 자립을 택했다.

나는 다시 그 형제에게 혹시 그 사람을 아느냐고 물었다. 그 형제는 자기가 그를 보지는 못했지만 그는 별난 사람이라고 했다. 그렇게 나는 현지 교회의 지원을 받으며 일하는 사람으로 소문이 나 있었다.

사도 바울의 선교 사례

● 사도 바울의 선교 사례를 보니 배울 점이 많았다. 바울이 선교를 위하여 선교지에서 돈을 뿌리고 다닌 적은 한 번도 없었다. 바울은 오히려 성도들에게 도움을 받았다. 그렇게 하여 바울은 외국 선교에 성공했다. 예루살렘에 기근이 들었을 때 바울이 구제헌금을 보낸 적이 있다. 그러나 그것은 단지 구제 목적이었다. 구제는 많이 하면 할수록 좋다. 그러나 선교헌금으로 교회들을 해치는 일은 삼가야 한다. 나는 선교사가 돈으로 신자들을 타락시키는 일을 많이 보아 왔다.

선교는 바울이 한 것처럼 사람을 키우는 일이다. 그러나 사람을 키우는 일은 엄청나게 어렵다. 쉽게 돈으로 해결되지 않는다. 해산의 고통을 겪어야 하는 일이다. 그러한 고통 없이는 주님의 사람들을 세울 수 없다.

그렇다고 선교헌금이 필요없다는 말은 아니다. 선교헌금은 선교에 필수적이다. 바울은 계속 오지를 다니면서 선교사업을 하려니까 많은 경비가 필요했다. 그래서 바울은 서바나로 가기 위해 로마교회에 도움을 요청하기도 했다(너희가 그리로 보내주기를 바람이라. 롬 15:24). 내가 강조하는 것은 선교지에서 자기의 이름을 내기 위해서 돈을 뿌리지 말라는 것이지 정상적인 선교활동을 위한 선교 지원이 나쁘다는 말은 아니다.

"나의 자녀들아 너희 속에 그리스도의 형상을 이루기까지 다시 너희를 위하여 해산하는 수고를 하노니"(갈 4:19).

그 일을 하다 보니 나의 건강도 많이 나빠졌다. 쉬운 방법을 찾아 돈으로 선교했다면 그렇게까지 건강을 해칠 필요도 없었을 것이다. 당장 쉬운 방법으로 박수를 받을 수도 있다. 그러나 이제 쉽게 선교하는 일은 멈춰야 한다. 그것이 교회에 유익을 주지 못할 때가 많기 때문이다. 이제는 선교사와 외국 교회를 의지하는 신앙에서 하나님을 의지하는 신앙으로 변하도록 도와야 한다.

어떤 교단에서 많은 교회가 힘을 합하여 수십 년 동안 선교지에 교회들을 건축해 주었다. 그러나 그들이 교회를 건축해 준 것에 감사하는 것은 잠깐이었다. 대부분은 혜택을 입고도 시간이 지나면서 자기들이 받은 혜택을 잊어버렸다. 그러나 혜택을 준 자들은 그것을 아주 오래 기억했다. 그들과 반대로 된 것이다. 그래서 혜택을 준 자들이 자기들이 준 것에 대해 대가를 주장하다 결국 교회에 등을 돌리고 원수가 된 경우도 많았다.

말씀으로 맺은 인간관계와 물질로 맺은 인간관계는 현저하게 달랐다. 지금은 말씀이 흔해서 말씀을 대하는 자세가 많이 달라졌다. 선교 초창기에는 처음으로 말씀을 깨닫는 시기여서 선교의 성과가 드러나지 않았다. 그러나 말씀이 들어가고 그에 따라 성령님이 역사하시면서 우리의 영적 관계가 견고해졌다.

물질적으로도 그랬지만 기도를 통한 그들의 사랑은 특출했다. 우리에게 문제가 생겨 기도를 부탁하면 그들은 곧 금식기도에 들어간다. 그들은 보통 오전 4시에 새벽기도를 시작한다. 그리고 5시에 새벽 예배를 드린다. 농촌 사람들은 그렇게 일찍 자고 일찍 일어난다. 그런데 우리에게 문제가 생기면 그들은 새벽 2시에 금식기도를 시작한다. 그들은 기도를 그렇게 결사적으로 했다. 그러다 보니 어떤 때는 주님이 내 기도의 응답을 그들에게 알려 주시기도 했다. 그들은 자기에게 말씀을 전해 준 사람들을 그렇게 귀하게 여겼다. 그들의 그런 기도에는 엄청난 능력이 있었고, 나는 그 기도의 혜택을 너무나 많이 받아왔다. 그러나 말씀이 아닌 물질의 혜택을 받고는 그런 기도를 하지 않는다.

누가 어떤 혜택을 받았느냐는 그리 중요하지 않았다. 제자들이 말씀으로 어떤 변화를 받았는지가 중요했다. 그래서 나는 중국인들이 자원해서 하는 헌금에 매우 민감했다. 그들의 희생과 사랑의 헌금은 그들이 변화된 지표가 되었기 때문이다. 복음서에서 값진 향유를 드린 여인도 변화를 받았기 때문에 그렇게 할 수 있었던 것이다. 변화된 사람들은 항상 주님께 드리기를 원한다.

"네 눈물을 생각하여 너 보기를 원함은 내 기쁨이 가득하게 하려 함이니"(딤후 1:4).

사도행전 20장 37절 말씀은 밀레도에서 에베소 장로들이 바울, 디모데와 헤어지며 모두 크게 울었던 사건을 이야기하고 있다. 그들이 그렇게 울었던 것은 그들이 금전적으로 도움을 받았기 때문이 아니다. 바울과 디모데가 오히려 제자들에게 금전적으로 도움을 받았다.

나는 성경에서 물질적 혜택을 받은 것으로 인해 이런 눈물의 교제가 있었다는 말은 한 번도 들어 본 적이 없다.

열악하고 위험한 환경

● 1991년 한국과 중국이 국교 정상화가 되며 외국 선교사들이 차차 중국으로 몰려가기 시작했다. 내가 처음 중국에 거주할 당시만 해도 분위기는 험악했다. 한밤중에 호텔 방에서 자고 있는 동안에도 직원들이 시도 때도 없이 방문을 열고 들어와 방을 검열했다. 식당 직원들도 손님을 마치 형무소 죄수처럼 취급했다. 중국의 상점들은 국가가 경영하기 때문에 상점 직원은 손님에게 상전 노릇을 했다. 사회가 그런 분위기였기에 지하교회 역시 많은 규제를 받고 있었다.

그런 반면 사역자들을 세우기에는 매우 좋은 황금기였다. 교회가 핍박을 많이 받았고, 경제적으로도 빈곤했다. 그래서 중국 교회는 하나님을 전적으로 의지했고, 말씀을 갈급해했다. 그 결과 말씀이 크게 역사하며 교회들이 견고해지기 시작했다. 그러나 경제가 발전하면서 물질에 마음을 빼앗기고 말씀에 대한 갈급함이 차차 식어갔다. 처음에는 말씀 배우는 시간이 너무 짧다고 하루 11시간까지도 공부하기를 강청했다. 그러나 날이 지나면서 그 열정도 차차 식었다. 핍박이 심할 때 오히려 신앙 훈련 하기가 좋았다.

하루는 날이 추워 옷을 하나 사려고 옷가게로 갔다. 입을 만한 옷을 하나 찾아 직원에게 그 옷을 사겠다고 했다. 그런데 직원은 그 옷이 없다며 나에게 가라고 했다. 내가 저기 걸린 옷은 무엇이냐고 했더니 그것은 옷이 아니라고 했다. 내가 두 눈으로 뻔히 보고 있어도 직원이 그렇게 말하면 그런 것이었다. 또 식료품점에서는 달걀 한 다스에 깨진 달걀 두 개를 의도적으로 끼워 팔았다. 그리고 절대 바꿔주지도 않았다. 내가 무조건 손해를 봐야 했다.

국가가 경영하는 관영 상점은 상점에 이익이 되든 손해가 되든 직원은 전혀 개의치 않는다. 정해진 자기 급료만 받으면 되기 때문이다. 물건을 하나라도 더 팔면 자기 일만 생기고 귀찮아진다. 그때 내가 꼭 그 옷을 사려고 했으면 점원에게 웃돈을 얹어 주었어야 했다. 그렇게 점원들이 상전 노릇을 했다. 그 당시 세상이 그랬다.

그러다 등소평이 주관하는 시장경제가 활성화되며 골목 상인들이 시장을 장악하기 시작했다. 시장경제로 움직이는 장터에서는 상인들이 고객에게 잘해 주어야 생존할 수 있었다. 그렇게 시장경제가 활기를 띠기 시작했다. 그 결과 그 많던 관영 기업은 얼마 후 다 문을 닫았다. 내가 봐도 관영 상점에서는 손님을 거의 찾아볼 수 없었다.

내가 시골을 방문하면 마을 사람들이 낯선 나에게 관심을 많이 보였다. 특히 외국인이라 관심이 더 컸다. 중국인들은 외부 사람이 수상하다고 생각되면 신고를 잘 한다. 중국은 서로를 감시하는 사회였기 때문에 사람들을 그렇게 훈련시켰다.

나는 그날 여러 마을에서 온 제자들과 가정집에서 말씀 집회를 하기 위해 그곳에 갔다. 한창 모임을 하는 중에 한 관리가 온 마을을 뒤지기 시작했다. 외부 사람인 내가 마을에 들어온 것을 알았기 때문이다. 집회 중이던 우리에게 비상사태가 벌어졌다. 그들은 위기를 모면하려고 나를 방에 홀로 있게 하고 밖에서 자물쇠로 문을 잠가 버렸다. 그 관리는 밖에서 문이 잠긴 것을 보고 방 수색을 포기하고 돌아갔다. 당연히 방에 아무도 없을 것이라고 생각한 것이다. 그렇게 나는 위기를 넘길 수 있었다. 그러나 사람들이 모두 돌아갈 때까지 나는 오랫동안 방에 홀로 갇혀 있어야 했다.

한번은 북부의 따칭이라는 곳에서 성경 공부를 위해 모였다. 모임 장소가 작은 방이었기 때문에 25명만 초청했다. 그런데 50여 명이 몰려왔다. 할 수 없이 우리는 좌석들을 좁히기로 했다. 그러다 보니 무릎이 앞 사람의 등에 닿았다. 바로 앉을 수가 없어 모두 옆으로 비스듬히 앉았다. 내가 칠판에 판서하고 강의를 위해 몸을 돌리는 것조차 어려울 정도였다. 공기가 너무 탁해 창을 열어 달라고 하자, 외부에 소리가 들리면 안 되기 때문에 열 수 없다고 했다. 찬송을 부를 때는 소리도 내지 못하고 입만 벙긋해야 했다. 화장실 사용은 더욱 힘들었다. 50명이 화장실 하나를 써야 하니 너무 불편하고 힘들었다. 그러나 그들은 말씀을 듣기 위해서라면 이 모든 어려움을 마다하지 않았다.

우리 신학교 학생들과 하남성 깊은 산골에 숨어서 지내던 때였다. 정부에서 우리를 찾아 체포하려 했기 때문에 도피해야 했다. 마침 폐가가 하나 있어 우리는 그곳으로 도망하여 숨어서 말씀을 공부했다. 그곳은 산속이라 추웠고 또한 조용했다. 우리의 존재가 드러나면 위험하니 밖으로 소리가 들리지 않도록 조심해야 했다. 그곳에는 야생동물도 자주 출몰했다. 식량이라곤 밀가루와 감자밖에 없어 2주 동안 우리는 매일 칼국수만 먹어야 했다.

그러나 그것은 엄청난 축복의 시간이 되었다. 이런 환경에서 지내는 우리에게 주님은 말씀을 통한 큰 기쁨과 복을 주셨다. 그들은 어려운 환경을 마다하지 않고 다 견뎠다. 말씀을 정말 귀하게 여겼기 때문이다. 열악한 환경이 그들을 힘들게 했지만 신앙은 더욱 견실해졌다. 바로 이런 것이 고난이 영적으로 우리에게 주는 이점이다.

선교지에서 있었던 사탄의 공격

● 사탄의 공격은 영적인 부분에서만이 아니라 육적으로도 있었다. 내가 3개월간의 첫 선교 여행을 마치고 돌아오려 할 때였다. 여행에서 돌아오기 바로 전, 우리 집에 이상한 일이 생겼다. 평소에는 아무 일도 없었는데 갑자기 집에서 고장 날 수 있는 모든 것이 거의 동시에 고장 났다. 모두 내가 선교 여행에서 집으로 돌아오기 직전에 일어난 일이었다. 전기, 전화, 가스, 인터넷, 수도, 컴퓨터, 자동차 등 모두 고장 났다. 집 천장을 지나가는 수도관도 터져 집 안이 온통 물바다가 되었다. 그리고 이웃집에서 화재까지 났다. 일일이 다 기억하지는 못하지만 모두 11가지의 사고가 생겼다. 그렇게 온 집이 마비가 되었다.

한꺼번에 이런 문제가 우연히 생기는 것은 확률적으로 거의 불가능하다. 사탄의 방해가 아니라면 설명할 수가 없다. 내가 없을 때 이런 일을 당하자 아내와 아이들은 큰 두려움에 빠졌고, 우리 가족 모두 내가 선교 여행 하는 것에 부정적인 생각을 갖게 되었다. 그것이 바로 사탄이 원하는 바였다. 그러나 우리는 곧 이것이 영적인 싸움이라는 것을 깨닫고 적을 대적하기로 했다. 우리에게 잠시 어려움이 있었지만 우리는 서로 격려하며 주님의 도우심으로 그 공격을 이겨 냈다.

2014년 여름에 내가 집회를 인도하던 중의 일이다. 휴식을 마치고 샤워하던 중 샤워실에서 넘어지는 사고를 당했다. 그날 집회에서 우리는 사탄에 대한 공부를 마쳤다. 그 공부를 통하여 신학생들과 사역자들에게 많은 깨달음과 말씀에 대한 결단이 있었다. 그런데 집회 후 샤워를 마치고 밖으로 나가다 넘어지며 머리를 심하게 바닥에 찧어 큰 상처를 입었던 것이다.

샤워실 타일 위의 물이 미끄럽기는 했지만 넘어져 머리를 바닥에 부딪칠 정도는 아니었다. 미끄러지더라도 살짝 넘어질 정도였다. 그런데 나는 넘어질 때 누가 내 다리를 낚아채는 듯한 느낌을 받았다. 물론 당시 거기에는 아무도 없었다. 그때 내 몸이 빠르게 반응하지 못해 바닥에 넘어지며 얼굴과 코를 심하게 부딪치고 피부도 찢어졌다. 그 결과 나는 모두 열 바늘을 꿰매는 치료를 받았다. 이것은 마귀의 공격임이 분명했다. 매우 위험한 순간이었으나 주님께서 천사를 보내 주시어 생명을 위태롭게 하는 상처는 입지 않았다.

교회에서 사탄에 대해 함께 공부한 후 강도를 당한 일도 있었다. 주일 밤 교회 모임을 마치고 다음 월요일 새벽에 아내가 차로 출근

길에 올랐다. 항상 다니던 길이었으나 아내는 그날 이상하게도 길을 잃고 사람들에게 길을 물어야 했다. 그런데 도와주던 사람이 갑자기 강도로 돌변했다. 길을 가르쳐 주는 척하던 그가 돌연 차에 있는 물건들을 강탈하기 시작했다. 그때 빨리 물건을 포기하고 차로 도주했기에 더 이상의 피해는 없었다. 사탄은 자신의 존재를 숨기고 있다가 그렇게 노출되면 크게 분노하는 것 같았다.

샤워실에서 넘어지는 사고가 있은 후 나는 집회를 마치고 집으로 돌아오게 되었다. 사고의 충격으로 나는 건강이 더욱 나빠진 상태였다. 그 때문에 나는 한국에서 미국으로 돌아가는 비행기 좌석을 좀 더 편한 2등석으로 옮기고 싶었다. 나는 적립된 마일리지로 2등석 변경을 신청했다. 그러나 내 비행기표는 특별히 할인된 가격으로 판매한 것이기 때문에 항공사의 규칙에 따라 좌석 변경이 불가능하다고 했다. 나는 내 어려운 사정을 호소했지만 그들의 답변은 단호했다. 섭섭했지만 그냥 돌아서는 수밖에 없었다.

그러면서 속으로 기도했다. "주님, 나는 지금 여기 놀러 온 것이 아니라 주님의 심부름으로 오지 않았나요? 그러다 어려움을 당했고요. 저 직원들은 내 좌석을 못 바꾸지만 주님은 하실 수 있잖아요. 지금 제가 힘드니 좌석 좀 옮겨 주세요." 그러고는 탑승 시간이 되어 비행기에 올랐다. 그런데 비행기에 오르고 보니 놀랍게도 좌석이 2등석으로 옮겨져 있었다. 그것도 무료로! 그 좌석에는 침대도 있었다. 그래서 나는 편히 누워 장거리 여행을 할 수 있었다. 필요할 때마다 도움을 주시는 주님께 다시 감사와 찬양을 드렸다.

나의 사역이 육체적으로는 힘들었지만 이렇게 주님이 나와 함께해 주셨기 때문에 때마다 나는 큰 힘과 용기를 얻었다.

내가 미국에서 편안한 삶을 살고 있었을 때는 선교지에서와 같은 놀라운 체험을 하기가 쉽지 않았다. 육체적으로 편한 삶과 육체적으로는 힘들어도 주님과 함께하는 놀라운 삶이 있다면, 나는 후자의 육체적으로는 힘들어도 주님을 경험하는 삶을 원한다. 경험해 본 사람은 누구나 그런 역동적인 삶을 원할 것이다. 내가 잘되고 못되고와 상관없이 그 엄청난 하나님이 내 삶에 개입하신다는 것처럼 신나는 일이 세상에 또 어디 있을까? 그런 삶을 살 때 세상의 욕심과 근심, 걱정이 사라지고 기쁨과 평안, 소망이 생긴다.

예수님은 제자들에게 '내게는 너희가 알지 못하는 먹을 양식이 있다'라고 하셨다(요 4:32). 나는 격렬한 영적 싸움 후에 그런 양식을 주시는 것을 선교지에서 많이 경험했다. 이런 양식 없이는 이처럼 약한 내가 이런 일들을 감히 해내지 못했을 것이다.

선교 여행에서 돌아오면 나는 활기와 기쁨이 넘쳐난다는 말을 항상 듣곤 했다. 그러나 동시에 내 선교 사역이 잘못됐다는 비판도 들었다. 대부분의 비판은 선교지의 사정을 전혀 모르고 하는 말이었다. 만일 나에게 하나님께서 주시는 그 양식이 없었다면 나는 우울증에 걸렸을지도 모른다. 처음에는 내가 왜 비판을 받아야 하는지 이해하지 못했다. 그러나 깨닫고 보니, 주님이 놀라운 양식을 주실 때마다 나에게 겸손해야 한다는 경고도 같이 주신 것이었다. 그러면서 주님이 전에 나에게 보람 있는 삶에 대한 도전을 제안하셨던 일이 생각났다. 이런 양식을 나에게 공급해 주신 것이 그 보람 있는 삶의 일부였다.

하나가 된 주님의 일꾼들

● 에베소서를 공부하던 중, 나는 사역자들이 하나가 되지 못하는 모습을 보았다. 무엇보다 젊은 사역자들과 오래 사역한 장년 사역자들의 연합이 없었다. 그들은 같은 지역에 살고 있으면서도 연령과 세대 차이 때문에 하나가 되지 못했다. 그때 에베소서 2장을 같이 공부하며 우리는 하나 되어야 한다는 주님의 뜻을 깨달았다.

"그러므로 생각하라 너희는 그때에 육체로는 이방인이요 손으로 육체에 행한 할례를 받은 무리라 칭하는 자들로부터 할례를 받지 않은 무리라 칭함을 받는 자들이라 그때에 너희는 그리스도 밖에 있었고 이스라엘 나라 밖의 사람이라 약속의 언약들에 대하여는 외인이요 세상에서 소망이 없고 하나님도 없는 자이더니 이제는 전에 멀리 있던 너희가 그리스도 예수 안에서 그리스도의 피로 가까워졌느니라 그는 우리의 화평이신지라 둘로 하나를 만드사 원수 된 것 곧 중간에 막힌 담을 자기 육체로 허시고 법조문으로 된 계명의 율법을 폐하셨으니 이는 이 둘로 자기 안에서 한 새 사람을 지어 화평하게 하시고 또 십자가로 이 둘을 한 몸으로 하나님과 화목하게 하려 하심이라 원수 된 것을 십자가로 소멸하시고 또 오셔서 먼 데 있는 너희에게 평안을 전하시고 가까운 데 있는 자들에게 평안을 전하셨으니 이는 그로 말미암아 우리 둘이 한 성령 안에서 아버지께 나아감을 얻게 하려 하심이라"(엡 2:11-18).

주님은 이방인과 유대인까지도 하나가 되게 하셨는데 우리가 하나 되지 못할 것이 무엇인가? 우리는 말씀을 통해 도전을 받았다. 그래서 우리는 모두 세대차를 극복하고 하나가 되기로 했다.

사람들은 무엇이든 자신과 다른 것이 보이면 담을 쌓고 갈라지려 한다. 이것은 사탄이 항상 하는 일이다. 그러므로 그 차이를 극복하고 하나가 되는 것은 그리 쉬운 일이 아니다. 그러나 그들은 일반 성도가 아닌 헌신된 사역자였고, 그래서 일반 성도들보다는 하나가 되는 것이 좀더 수월했다. 무엇보다도 그들은 핍박으로 인하여 목숨을 걸고 믿는 상황이었기 때문에 그것을 이루어 낼 수 있었다.

그렇게 우리는 막힌 담을 헐고 주 안에서 하나가 됐을 때 오는 축복을 경험했다. 여기에서는 그 모임을 인도하던 리더의 역할도 매우 중요했다. 그를 통하여 사역자들의 부흥이 있었고 교회도 번성했다.

연합을 경험한 신학교

● 그 후 나는 북경 근교에 있는 한 신학교에서 일주일 강의가 있어 서 목사님 댁에 묵게 되었다. 토요일에 도착하여 그 집에서 교제를 나누었다. 그다음 날인 주일의 예배로 학교 일정이 시작되었다. 설교는 서 목사님이 하도록 되어 있어서 그는 그날 아침까지도 열심히 설교를 준비했다. 그때 그는 설교 준비를 하며 무척 힘들어했다.

주일 아침 서 목사님이 나에게 말했다. 자기는 보통 설교 준비를 쉽게 하는 편인데 오늘따라 설교 내용이 왜 그토록 정리가 안 되는지 모르겠다는 것이었다. 그러면서 자기는 도저히 설교를 할 수가 없으니 나보고 대신 해줄 수 있겠냐고 부탁해 왔다. 준비할 시간도 없는 상황에서 부탁을 받은 것이다. 그러나 나에게는 그것이 전혀 문제가 되지 않았다. 이상하게도 서 목사님이 설교를 준비할 때부터 오히려 나에게는 설교할 말씀이 기쁨과 감동으로 넘쳐났다. 그가 해야 할 설교의 감동이 왜 나에게 오는지 나는 이해할 수 없었다. 그렇게 설교 부탁을 받기 전부터 내 마음에는 이미 설교가 다 준비되어 있었다. 그래서 나는 그날 설교자가 되었다.

마침 그때는 새로운 신학생들이 학교에 입학한 주간이었다. 학생들은 동서남북 여러 지역에서 왔다. 그들은 지역만이 아니라 민족도, 풍습도, 말투까지도 서로 달랐다. 심지어는 회교라고 하는 이슬람 문화권에서 온 학생들도 있었다. 그들은 정말 너무 달랐다. 그래서 신입생들은 서로 다 같이 어울리지 못하고 각각 자기 출신 지역대로 분파를 만들어 떼 지어 다녔다.

그렇게 서로 갈라지더니 이제는 서로 미워하기까지 했다. 그들에게는 서로 막힌 담이 있는 것 같았다. 그런 상태로 앞으로 오랫동안 신학교 생활을 하면 계속 싸움질이나 하고 살 것 같았다. 그래서 주님은 그날 내 설교를 통해 그 높은 담들을 제거해 주기를 원하셨던 것 같다.

그날 설교는 약 2시간 소요됐다. 설교를 통하여 나는 우리가 주 안에서 하나가 되어야 한다고 호소했다. 말씀만 전한 것이 아니라 우리는 함께 찬송하며 모두 대야의 물을 떠서 서로의 발을 닦아 주었다. 우리는 모두 주님 앞에서 눈물로 하나가 되는 예배를 드렸다. 1시간 동안 서로 화해하며 하나가 되는 감동과 기쁨을 경험했다.

그 이후로도 그들의 삶이 항상 완전하지는 못했다. 단체 생활을 하다 보니 다투는 일이 또 생겼다. 그러나 우리가 어떻게 하나가 되어야 하는지 그 방향은 정해져 있었다. 그래서 서로 다투다가도 다시 화해할 수 있었다. 그리고 서로 용서하는 것을 배울 수 있었다.

이것은 내 설교가 서 목사님보다 더 나았다는 이야기가 아니다. 전에도 내가 그와 흡사한 집회를 인도했기 때문에 주님이 단지 그것을 이용하여 그들이 하나 되게 하셨을 뿐이다.

간증 책, 《가시밭의 백합화》

● 1997년 우리는 중국 지하교회에서 발간한 한 간증 책을 구하였다. 중국인들은 그 책을 붉은 책이라고 불렀다. 표지의 색이 붉어서 붙은 별명이었다. 이 책을 통해 예수를 믿는 중국 사람들이 자꾸 생겨나자 중국 정부가 이 책을 압수하여 모두 불살라 버렸다. 그리고 이 책을 불법 서적으로 규정하고는 이 책을 접하는 자는 체포한다고 선포했다. 그 와중에도 소수의 사람이 남은 책을 보관하면서 조용히 유통하고 있었다.

우리는 지하교회의 사정을 세상에 알리고 싶었다. 그래서 중국인들을 통해 그 책을 입수하고는 한국어와 중국으로 번역하기 시작했다. 죠이출판사 정 사장님이 적극적으로 이 일을 도와주었다.

나는 번역을 위해 우선 그 책의 저자를 찾아야 했다. 저자는 단운이라는 중국인 형제였는데, 당시 중국 당국에 쫓겨 도피 중이었다. 나는 전 세계에 있는 그 책의 번역판을 모두 찾아보았다. 단 한 곳, 영국의 출판사가 이미 책을 출판하여 보급하고 있었다. 그래서 그 책을 한국어로 번역하겠다고 했더니 영국에서 많은 돈을 요구했다. 그 금액을 지불하면 나에게 출판권을 주겠다고 했다. 금액은 후에 협상하기로 하고 나는 우선 영국에서 받은 단운의 저작권을 요구했다. 그러나 영국에는 저작권이 아예 존재하지도 않았다. 결국 영국 출판사의 책도 해적판이었던 것이다. 똑같이 해적판을 번역하는 상황에서 그들에게 많은 돈을 지불할 이유는 없었다.

단운 형제를 찾을 수 없으니 우선 우리가 번역하여 책을 출판하기로 했다. 그 책의 이름은 원제목의 의미대로 '가시밭의 백합화'라고 했다. 그렇게 1999년 2월 27일에 책이 발간됐다. 이 책은 믿음과 교리에 관한 책이 아니라 간증만 모아 놓은 책이다. 핍박과 기적에 초점이 맞춰져 있으며, 기독교인들에게 지하교회가 받고 있는 핍박을 알리려는 목적으로 출간된 것이다.

2001년에 최 선교사라는 분을 만나 교제하다가 이야기의 주제가 각자의 선교 사역으로 옮겨 갔다. 내가 중국에 다녀왔다고 하자 최 선교사는 중국 선교를 하려면 《가시밭의 백합화》라는 책을 읽어 봐야 한다며 나에게 권했다. 나도 그 책을 안다고 했더니, 최 선교사는 온 가정이 그 책을 읽고 선교에 헌신했다고 했다. 그의 딸도 그 책을 읽은 후 선교사로 헌신하여 필리핀에서 섬기고 있었다. 이처럼 우리가 출판한 그 책이 보이지 않게 여러 구석에서 선교의 열매를 맺기도 했다.

하늘에 속한 사람

● 2004년에는 한국에서 《하늘에 속한 사람》이라는 책이 출간되었다. 《가시밭의 백합화》와 거의 같은 내용이다. 그동안 중국 기독교인들에게 조금 자유가 생기며 이 책의 원저자가 나타났다. 사실은 한국인들이 그 저자를 찾았다고 한다. 《하늘에 속한 사람》의 출판자는 출판을 포기하라고 우리에게 압력을 가했다. 많은 노력이 들어간 책이었으나 결국 우리는 그 책을 포기할 수밖에 없었다.

돈에 관해서는 신자나 불신자나 행동에 차이가 없는 것 같았다. 믿는 사람들이 복음 사역을 하면서도 복음보다 돈이 우선인 경우가 많았다. 《가시밭의 백합화》는 홍보를 잘 못했지만 《하늘에 속한 사람》은 홍보를 잘해서 후에 베스트셀러가 되었다.

중국 남부지방에서 지하교회들을 섬기던 쉬 목사는 나와 친분이 있었다. 그는 나와 많은 교제를 나누었고, 나에게 많은 도움을 주었으며, 영어에도 능통했다. 쉬 목사는 여러 지하교회를 섬기고 있어서 《하늘에 속한 사람》에 나오는 내용보다 더 많은 지하교회 간증을 알고 있었다. 그는 그 간증 자료들을 나에게 주겠다고 했고, 나는 그것을 출판할 수 있도록 해주겠다고 약속했다. 내가 그 간증들을 잘 정리하기만 하면 책을 출판할 수 있었다.

그러나 주님은 그런 일보다 내가 말씀 사역자들을 섬기는 원래의 일에 몰두하기를 원하시는 것 같았다. 그래서 우리는 아직 그 일을 보류하고 있다. 사실 간증을 계속 파내다 보면 한이 없을 것 같았다. 그리고 그런 것에 몰두하다 보면 우리의 신앙이 흥미 위주가 될 것 같았다. 우리에게는 일단 믿었으면 말씀의 진리 안으로 들어가는 것이 필요하다. 그래서 나는 특히 중국의 일꾼들에게 간증보다 선포되는 진리의 말씀에 집중하도록 했다.

네 살배기 기도의 용사

● 약 20년 전, 흑룡강 지역 사역자 양성을 위해 성경학교가 시작됐다. 그들은 성경학교를 신학교라고 불렀다. 학생 지원자 중 왕 자매는 젖먹이 아기를 키워야 했기 때문에 수업에 참여할 수가 없었다. 그러나 그 자매에게는 신학 공부의 소원이 있었기 때문에 어머니의 도움을 받기로 했다. 왕 자매가 공부하는 동안 어머니가 학교 안에서 아기를 보살펴 주기로 한 것이다. 그래서 그 아기는 항상 학교

에 머물러 있었다. 그러니 그 아이가 항상 듣는 말이라곤 성경 이야기가 전부였다.

그 아이가 자라 네 살이 되었다. 하루는 그 아이가 교회에 왔다가 한 노인이 병들었다는 이야기를 들었다. 그러자 아이가 벌떡 일어나더니 "할아버지가 병들었어? 그러면 그거 기도하면 나아!"라고 말했다. 아이에게는 이미 기도에 대한 확신이 있었던 것이다. 그리고 아이가 할아버지를 위하여 기도했더니 놀랍게도 병이 나았다. 그 후로도 아이는 가끔 교회에서 기도로 신자들의 병을 낫게 했다. 그러나 그것은 일시적 현상이었고, 그 신유 능력은 그리 오래 가지 못했다.

신자들을 이용하여 치부하려는 교회 지도자들

● 한번은 장수성 서주시의 한 모임에서 집회 요청이 있었다. 그 모임은 영적으로 뜨거웠고 말씀에 갈급해 있었다. 그런데 그 집회를 총괄하는 관리자가 와서 우선 미화 400달러를 내라고 했다. 그래야 집회를 시작할 수 있다는 것이다. 사람들은 말씀을 원했으나, 관리자는 돈을 원했다. 교회는 집회 경비를 충당할 능력이 있었고, 헌금도 하고 있었다. 그러나 관리자는 말씀을 이용해 장사를 하고 있었다. 나는 예수님 당시 사람들이 성전에서 장사하던 것과 같다고 생각했다.

우리는 장거리를 여행해서 통역사와 함께 왔기에 그대로 다시 돌아갈 수는 없었다. 그래서 나는 우선 400달러를 주었다. 그 당시 400달러는 지금과 달리 큰돈이었다.

이제는 내가 그들의 잘못된 행실을 말씀으로 바로잡을 차례였다. 그것은 말씀이냐 돈이냐의 전쟁이었다. 집회 중에 나는 그들의 잘못된 행태를 고치기 위해 돈보다 말씀을 택해야 한다는 것을 말씀으로 역설했다. 자기의 이익을 위해 하나님의 말씀을 이용하는 것은 엄청난 악행임을 상기시켜 주었다. 그리고 돈과 말씀 중 하나만 선택하라고 했다. 만일 앞으로도 돈을 요구하면 더 이상 그들을 찾는 일은 없을 것이라고 못을 박았다.

집회에 참석한 사람들은 뜨거운 마음으로 말씀을 받았다. 한 자매는 말씀을 진지하게 받음으로 그 아들의 정신병이 나았다. 선교지에서는 말씀을 진심으로 받아들일 때 말씀을 통해 병 고침 받는 일이 종종 있었다. 집회 참석자들은 돈이 아니라 말씀을 택하고자 했다. 그러나 집회 관리자는 끝까지 돈을 고집했다. 그래서 우리의 미래의 만남은 영영 무산되고 말았다.

중국에는 교회 지도자가 되면서 하나님과 재물을 겸하여 섬기려는 사람이 너무도 많았다. 말씀으로 사역은 하지만 한편으로는 돈도 챙기려 했다. 그렇게 지도자가 교회를 장악하며 해치는 경우가 많았다. 하나님과 재물을 겸하여 섬기려는 사람들과 우리의 싸움은 계속 이어졌다.

"한 사람이 두 주인을 섬기지 못할 것이니 혹 이를 미워하고 저를 사랑하거나 혹 이를 중히 여기고 저를 경히 여김이라 너희가 하나님과 재물을 겸하여 섬기지 못하느니라"(마 6:24).

사랑의 교제

● 2003년 4월, 길림성의 한 교회에서 일주일간의 강의를 마치고 다른 곳으로 떠날 때였다. 작별 인사를 나누려 하자 그들이 인사 대신 노래를 불러 주겠다고 했다. 나를 중심으로 모두 둘러서서 노래를 부르기 시작했다. "짜이쩬러, 짜이쩬러…." '주님이 당신이 가는 길을 인도해 주시고 복 내려 주시기를 바란다'는 내용이었다.

그런데 갑자기 분위기가 이상해서 고개를 들고 보니 다들 눈물을 흘리고 있었다. 우리의 헤어짐에는 항상 아픔이 있었다. 그런 아픔이 힘들었다. 아름다운 교제를 잠시 멈춰야 했기 때문이다. 그러나 한편으로는 그런 아픔이 있는 것이 얼마나 큰 축복인가를 생각하며 감사했다. 그것은 말씀을 받아들였다는 증거이고, 축복을 받았다는 증거이기 때문이다. 다 기억할 수 없을 뿐 이런 일은 수없이 많았다.

그러나 세월이 지나면서 성도들의 눈물은 차차 말라 갔다. 중국 경제가 급속히 발전하면서 그 뜨겁던 믿음이 급속히 냉각되기 시작했다. 예수님만이 우리의 소망이었던 그때가 선교 초기 교회의 황금기였다.

우리는 다음 사역지를 향해 떠났다. 다른 마을로 이동하던 중 GM이라는 한 시골 마을에 큰 부흥이 있어서 새로운 교회가 세워졌다는 소식을 듣고 지나가는 길에 그곳을 방문했다. 교회가 1년밖에 안 됐지만 이미 70명 정도가 모이고 있었다. 그 소식을 듣고 나는 그 교회에 소집 요청을 했다. 예정에 없던 소집 통보였기 때문에 모두에게 알리지는 못했다. 마침 한낮이고 출타한 사람들도 있어서 약 40명밖에 모이지 못했다.

거기서 우리는 그들과 말씀을 나누고 교제하는 시간을 가졌다. 그들은 열심히 예수를 믿었다. 그렇지만 그들이 예수를 자신의 구주와 주님으로 영접한 적은 없었다. 예수님의 능력도 믿고 그가 참 하나님인 것도 믿었으나, 그를 영접하고 구원 얻는 믿음은 모르고 있었다. 누군가 그들에게 전도는 했지만 예수님이 구원자이고 주님인 것은 확실히 알려 주지 않았기 때문이다. 그들은 예수님을 단지 참 신, 능력의 신으로 믿었다. 그래서 예수님을 어떻게 믿어야 하는가를 알려 주고, 예수님을 구주로 영접하도록 했다. 그때 40명 거의 모두가 영접했다.

가정교회에 대한 핍박

● 2004년 10월 첫 주에 청도에서 말씀 집회가 예정되어 있

었다. 그러나 그때 기독교에 큰 핍박이 있었다. 가정교회에서 성도들이 불시에 체포되기도 했다. 핍박을 알고 미리 도피한 교회도 있었다.

　공안들은 도피하는 신자들을 제압하기 위해 전기 충격기를 사용했다. 일단 전기 충격을 받으면 순간 꼼짝 못 하고 완전히 몸이 마비된다. 간혹 전기 충격을 심하게 받으면 사망하기도 했다. 전기 충격기는 이처럼 위험한 무기이다.

　한 교회를 급습한 공안이 도피하는 신자들을 제압하려고 전기 충격기를 사용했는데 이상하게 한 신자가 충격기를 맞고도 멀쩡했다. 다른 신자도 마찬가지였다. 전기 충격기를 맞고도 아무렇지도 않았다. 이어 세 번째 신자를 향해 충격기를 눌렀으나 그 역시 아무런 변화가 없었다. 공안은 자기 기계가 고장 났다고 확신하고 점검차 본능적으로 자신의 몸에 대고 스위치를 눌렀다. 그때 공안은 전기 쇼크를 받고 몸이 완전히 마비되어 버렸고, 신자들은 모두 집으로 무사히 돌아갈 수 있었다. 그렇게 주님은 그들을 그 위험한 전기 충격기에서 보호해 주셨다.

　그러나 그때 체포된 신자들도 있다. 그들은 모든 재산을 압수당했다. 관리들은 믿는 사람이 키우고 있던 강아지까지 끌고 갔다. 그래서 그들에게는 남은 것이 하나도 없었다. 아무것도 없는 그들에게 나는 주머니에 있던 돈을 다 주고 떠났다.

　언젠가는 핍박으로 집회가 취소되어, 우리는 집회를 예정에 없던 다른 집회로 대체했다. 갑자기 마련된 집회였다. 그러다 보니 나를 전혀 모르는 통역사가 우리의 집회를 도왔다. 그렇게 한 주 동안의 집회가 끝났다. 모임을 마치고 나서 그 통역사가 나를 찾아와 고백했다. 강의를 통역하다가 성경 말씀을 깨닫고 보니 자기가 이단에 빠진 것을 알게 되었다고 했다. 그래서 나는 그에게 3일 금식기도로 이단과 결별하라고 했다. 그리고 올바른 교회로 옮기도록 했다. 그는 그렇게 하기로 약속하고 우리와 헤어졌다.

한번은 내몽고의 N 마을에서 여러 교회가 합동하여 말씀 집회로 모였다. 외국에서 손님이 온다고 하니 모임을 주관한 부부에게 고민이 생겼다. 그들은 나에게 좋은 것을 대접하고 싶었으나 마땅한 음식이 없었다. 결국 우리가 도착하기 전 그들은 그들의 최고 음식인 고기를 마련했다.

그런데 그날 그 집의 어린 딸이 슬피 울고 있었다. 나에게 대접하려고 자신들이 키우던 정든 개를 잡았기 때문이었다. 사실 나는 개고기를 먹지 못한다. 그러나 그들이 마련한 최상의 음식을 거절할 수가 없었기에 어쩔 수 없이 개고기를 일주일 동안 계속 먹었다.

이단들의 난립

● 　　우리에게 항상 좋은 일만 있는 것은 아니었다. 그 당시 '동방번개'라는 중국 이단이 크게 일어나 기독교에 많은 피해를 주고 있었다. 지금도 그 집단의 교세는 계속 퍼져 나가고 있다. 그 이단은 추종자들을 깊은 산속에 데리고 가서 집단생활을 하게 했다.

그리고 그곳에서 도망가지 못하게 감금했다. 가족이나 친지들에게 알리지도 못하게 했다. 그러면 감금된 자들은 졸지에 행방불명자가 되었다. 실제로 동방번개 때문에 실종 신고가 많이 들어왔다. 이단에 빠진 후 그들이 사교(邪敎)인 것을 깨닫고 도망하려 하면 그 집단에 의해 죽임을 당했다.

이단들의 특징이 그렇듯 그들은 믿는 자들을 주로 공략했다. 그렇게도 성실하게 섬기던 우리 일꾼들도 꾐에 넘어갔다. 그들은 주로 남녀관계를 이용하여 신도들을 유혹하였다.

당시 중국에는 남아선호 사상이 있어서 여자의 수가 훨씬 적었다. 남녀의 비율이 대강 21:20 정도였다. 그래서 중국에는 홀아비들이 많았다. 동방번개에 속한 여자들은 결혼 못 하는 홀아비들에게 접근하여 결혼해 주겠다고 유혹한다. 그리고 훌륭한 신앙인인 것처럼 위장한다. 홀아비 형제들은 자기도 결혼할 수 있다는 희망에 유혹되어 여자들에게 쉽게 속는다. 특히 동방번개는 예쁜 여자들을 이용하여 홀아비들을 포섭했다.

일단 그런 여자와 혼인 관계를 맺고 나면 두 사람은 결혼 생활로 들어가는 것이 아니다. 그 여자는 또 다른 홀아비를 찾아 '전도'하러 간다. 여자들도 그와 유사한 수법으로 동방번개에 많이 넘어갔다.

동방번개는 말씀을 비틀어 예수님이 재림하셨으며 여자의 신분으로 오셨다고 한다. 그 당시 중국 교회에서 제일 취약한 성경이 요한계시록이었다. 교회들이 요한계시록을 잘 취급하지 않았기에 사람들은 종말론을 잘 몰랐다. 이단들은 바로 그 점을 파고들었다. 그렇게 교회가 요한계시록에 대한 무지로 현혹되는 경우가 많았다.

우리는 그것을 방치할 수가 없어서 다음 여행부터 요한계시록 강의를 시작했다. 이단 사설을 대비하기 위해서였다. 때마침 중국 교회는 요한계시록에 많은 관심을 갖기 시작했다. 그래서 나는 그 필요에 의해 여러 곳을 다니며 요한계시록 강의를 했다. 이단들 때문에 30회 정도 강의한 것으로 기억한다.

이단들은 기하급수적으로 계속 퍼져 나갔다. 이단 사설에 대비하려면 더 많은 강의를 해야 했다. 그러나 요한계시록 강의를 아무리 많이 해도 양적으로 그 수요를 다 충족시킬 수는 없었다. 그래서 우리는 녹음과 동영상 그리고 문서 등 여러 가지 매체를 통해 우리 강의를 대량으로 보급했다. 중국의 내 제자들도 여러 곳을 순회하며 말씀을 계속 전파했다.

산속 묘족 마을

● 2006년 6월에는 중국 귀주성에 있는 소수민족인 묘족의 교회를 방문했다. 묘족은 한족에게 부당한 대우를 받고 있었다. 그래서 타민족의 핍박을 가급적 피해 보려고 외

부 사회와는 매우 폐쇄적인 단절된 삶을 살고 있었다. 묘족은 민족의 정체성을 매우 중요시하기 때문에 외부 사람의 접근이 쉽지 않았다. 그러나 감사하게도 나는 한 묘족 제자의 초청으로 그 마을에 그들과 거하며 교제할 수 있었다.

그들은 고산 지역에 살고 있었다. 원래 그들이 살던 땅은 평지였지만 중국의 중심 민족인 한족이 살기 좋은 평지를 차지했다. 그래서 묘족은 자기들의 터전을 잃고 살기 힘든 고지에 살고 있었다. 묘족의 거주지는 해발 고도가 높아 마치 구름 속에서 사는 것 같았다. 묘족의 '묘'(苗)는 '모종하다', '씨를 뿌리다'라는 의미인데, 이제는 농사짓기에는 열악한 환경이 되어 버렸다.

그뿐 아니라 계속 한족에게 핍박을 받아 왔다. 같은 나라에 살면서도 민족이 다르다는 이유로 심한 차별과 핍박이 있었다. 한족 관리들이 묘족 여인들을 성적으로 농락하기도 했다. 결혼을 했다면 결혼 증명서를 발부받아야 호적에 올리는 등 법적으로 결혼이 성립된다. 그래야 자녀들도 국적에 올릴 수 있다. 그런데 증명서를 발부하는 관리들이 대부분 권력이 있는 한족이다. 그런데 묘족이 결혼 증명서를 받으려면 신부가 그 관리와 첫날밤을 같이 지내야 했다.

한족이라고 모두 나쁜 사람은 아니지만, 관리들은 대체로 그렇게 횡포를 부렸다. 그래서 묘족들은 한이 맺혀 있었다.

귀주성의 한족들은 권세를 부리고 살았지만 대부분 믿음이 없었다. 그러나 핍박받는 묘족은 믿음이 뜨거웠다. 그들은 저녁 식사를 마치면 예배로 매일 밤늦게 모였다. 캄캄한 밤에 산길을 오가는 것은 쉽지 않다. 나는 밤길이 보이지 않아 다른 사람의 안내를 받아야 했다. 그러나 그들은 얼마나 많이 다녔는지 캄캄한 밤에도 마치 대낮처럼 다녔다.

그들은 매일 밤 10시부터 4시간 정도 예배를 드렸다. 그들의 예배는 그렇게 뜨거웠다. 핍박 가운데 살고 있기 때문에 주님을 향한 믿음과 소망이 대단했다. 많은 핍박 가운데 오직 주님만이 그들의 소망이었다. 그들은 더 나아가 광동 지방으로 가서 전도 활동도 하고 있었다. 한족과 묘족, 두 민족의 영적 상태를 고려하면 과연 누가 더 복되게 살고 있는 것일까 하는 생각이 든다.

라마 불교의 승려들

● 나는 중경을 지나 사천성 북쪽 장족 마을도 돌아보았다. 어딜 가나 불교 사찰이 있었다. 사찰이 있는 곳은 산세가 수려하고 물이 흐르는 지역이라 경관이 아름다웠다. 불교 사찰은 국가적으로 우대를 받기 때문에 서민들은 가난해도 사찰은 부유했다.

그런데 사찰의 내막에 대해 들어보니 꽤 놀라웠다. 장족들의 종교는 라마 불교이다. 라마 불교는 의무적으로 부모가 아들을 사찰에 승려로 바쳐야 한다. 한 집에 아들이 둘이 있으면 하나는 의무적으로 승려가 되어야 한다. 그러니 많은 아이가 본인 의사와는 관계없이 어릴 때부터 부모를 떠나 사찰에서 공동생활을 해야 했다.

의무적이다 보니 승려의 숫자도 엄청나게 많다. 불교 학교라는 것이 있는데, 그 규모가 엄청나 하나의 시를 이루고 있는 곳도 있었다. 그런데 그들은 사찰에서 공동생활을 하며 자연스럽게 동성연애에 연루된다고 한다. 상당수가 동성연애자라는 것이다. 외관상으로는 아름답고 경건해 보이지만, 안으로는 하나님이 혐오하시는 남색이 매일 행해지고 있다고 한다.

몽고 민족은 큰 원나라를 건설했다. 원은 동쪽으로는 우리나라까지 점령하고, 서쪽으로는 서양까지 침공했던 강력한 나라였다. 그런데 라마 불교가 국교가 된 후 나라가 급격히 쇠퇴했다. 역사학자들은 그 이유를 여러 가지로 설명한다. 만일 그들의 남색이 그 쇠퇴의 원인이었다면, 그것은 곧 하나님의 진노가 아니었을까 생각해본다.

사천 지방은 특별히 지진 피해가 많은 곳이다. 지난 100년간 지진 피해를 163차례나 당했다고 한다. 지금도 지진 피해가 계속 있고, 특히 2008년 5월에는 진도 8.0의 큰 지진으로 8만 명이 넘는 사람이 죽고, 37만 명 이상의 부상자가 생겼다. 소돔과 고모라에 진노하셨던 하나님이 그들의 남색 때문에 지진으로 진노하시는 것이라면 너무 부당한 처사일까?

대학생들을 향한 영어 사역

● 　　2004년 5월, 나는 말씀 전파를 위해 중국 성도로 갔다. 후에 있을 성도 지방의 성경 집회를 예약해 놓고 그 근방에 있는 중경시를 둘러보았다. 중경은 중국에서 인구가 가장 많은 도시이다.

거기서 나는 한 대학가를 찾았다. 그리고 그곳 식당에서 학생들을 만나 영어로 말을 걸었다. 혹시 영어가 가능한 학생이 있으면 도움을 받으려 했다. 나는 중국어보다는 영어가 편했기 때문이다. 그런데 옆에 있던 학생이 나에게 영어로 대답했다. 알고 보니 그는 그 학교의 수만 명 학생 중에서 영어를 제일 잘하는 바오(Bao)라는 학생이었다. 그래서 기적적으로 그 대학생들과의 교제가 쉽게 이루어졌다.

그 학교 학생들 중에는 영어 공부 그룹이 있었다. 그들은 영어 공부에 관심이 많았다. 영어를 잘해서 외국 회사에 가면 월급을 두 배로 받을 수 있었기 때문이다. 그래서 영어에 사활을 거는 학생이 많았다. 그들은 나를 학교 안에 있는 'English Corner'라는 아늑한 장소로 안내했다. 학교에서 마련해 준 영어 모임을 위한 장소였다. 모임의 규칙은 반드시 영어로만 말하는 것이었다. 그들은 시간을 정해 놓고 서로 영어로 대화하며 회화 연습을 했다.

그들은 나한테 모임의 지도자가 되어 달라고 했다. 나는 모임에서 영어 성경만 교재로 쓰면 수락하겠다고 조건을 내걸었는데 학생들은 그러자고 했다. 학생들의 말에 의하면 어떤 중국 대학은 학교 강의에서 성경을 교재로 쓰기도 했단다. 대학에서 성경을 가르치기도 하니 공개적으로 성경 공부가 가능하다고 했다(당시에는 그랬다. 그러나 그것이 아직까지 가능한지는 알 수 없다). 그들은 대학에서 성경을 가르치는 것은 신앙을 위한 것이 아니라 국제적인 사람이 되게 하려는 것이라고 했다. 세계에서 가장 유명한 책인 성경은 상식적으로도 알아야 한다는 것이다. 결국 우리는 앞으로 영어 성경 공부를 하기로 약속하고 세부 계획을 논의했다.

그 후 나는 그 모임을 진행하려고 노력했지만 계속 다른 일이 생겼다. 그렇게 주님은 그 사역을 나에게 허락하지 않으셨다. 주님은 전에 내가 하던 대로 주의 일꾼들을 가르치고 섬기는 데 집중하게 하셨다. 그래서 나는 영어를 통한 전도의 일을 다른 사람들이 할 수 있도록 소개하고 중경을 떠났다.

나를 체포하러 온 관리

● 중국 당국은 기독교인들도 핍박했지만, 이단과 사교 집단도 심하게 규제했다. 특히 사교 규제가 심했다. 그들은 비록 기독교를 핍박하지만 기독교인들은 비교적 도덕적으로 살기 때문에 사회 문제는 별로 일으키지 않음을 알고 있었다. 그러나 이단 사설과 사교들은 항상 사회 문제를 일으켰기 때문에 그들은 다른 차원의

규제를 받았다.

  길림성의 한 교회에서 집회를 인도하고 있을 때였다. 나는 집회를 준비하는 사역자들 이외에는 누가 그곳에 참석했는지 모른다. 신자들이 그런 식으로 나를 보호해 주었다. 정부 관리들도 보통은 우리 모임의 동향을 알 수 없다. 그런데 그날은 집회를 마친 후 한 관리가 나를 찾아왔다. 그가 우리 모임 안에 숨어들어 왔던 것 같다.

  그는 기독교 집회 중에 몰래 잠입하여 말씀을 가르치는 자를 체포하는 관리였다. 그날도 그는 내가 무엇을 가르치나 알아보려고 왔던 것이다. 그는 내가 가르치는 말씀에 집중하였다. 나를 체포하려면 잘못된 가르침의 근거를 포착해야 했기 때문이다. 그런데 집회를 마친 후 그의 반응이 놀라웠다.

  "나쁜 말은 하나도 없네. 다 좋은 말이고, 다 중국이 잘되라는 말이군."

  무조건 신자들을 때려잡는 관리들도 있었지만, 이렇게 진리를 추구하는 자세로 기독교를 대하는 관리도 많았다. 그들은 무조건 기독교를 박해하기보다 지각이 있어 우선 진리를 분별하려 했다. 그런 사람들은 우리가 전하는 말씀을 이해하면서 하나님의 살아 계심을 믿게 되었다. 기독교를 핍박하는 관리들에게도 그렇게 구원이 임하고 있었다.

  어떤 자매는 북경에서 중국 공산당 간부 교육을 받으면서도 나의 성경 공부에 참석했다. 이처럼 그들은 공산당 교육보다 하나님 말씀에 더 열심을 내고 있었다. 그리고 공안 중에도 우리 제자 훈련에 참가하던 형제자매들이 있었다. 마치 예수님을 대적하던 바리새인 중에 예수님을 따르는 니고데모 같은 제자가 있었던 것과 같다.

복음이 역사하기 위해서는 우리의 행위와 우리가 전하는 말씀이 순수하고 깨끗해야 했다. 우리의 삶과 말씀이 순수할 때 우리의 핍박자들도 복음에 순종하는 역사가 일어나는 것을 경험했다. 하나님 말씀이 순수하지 못하면 그들을 변화시킬 수가 없다. 예수님의 말씀이 생각났다.

"너희는 세상의 소금이니 소금이 만일 그 맛을 잃으면 무엇으로 짜게 하리요 후에는 아무 쓸데없어 다만 밖에 버려져 사람에게 밟힐 뿐이니라"(마 5:13).

"그러므로 누구든지 이런 것에서 자기를 깨끗하게 하면 귀히 쓰는 그릇이 되어 거룩하고 주인의 쓰심에 합당하며 모든 선한 일에 준비함이 되리라"(딤후 2:21).

농촌 교회의 부흥

● H 지역에서 5년간 사역하던 W 목사님이 시골에서 홀로 교회를 개척했다. 신자도 많지 않고, 교통이 불편한 시골이라 발전성도 없었다.

당시 중국은 급속히 산업화되고 있었다. 그래서 젊은이들이 농촌을 떠나 공장이 많은 큰 도시로 이주하는 추세였다. 한국 선교사들도 그런 추세를 따라 농촌에서 도시로 사역지를 옮기라는 충고를 받았고, 다들 그렇게 하고 있었다.

그러나 나는 농촌도 나의 사역 기반이었기 때문에 농촌을 떠날 수가 없었다. 나는 도시와 농촌 구분 없이 모든 사역자를 섬겼다. 대도시는 많은 인원을 상대로 효과적으로 사역할 수 있다는 이점이 있다. 반면 농촌은 넓은 농지 가운데 작은 마을들이 흩어져 있어 지리적으로 불리하다. 그래서 W 목사는 흩어져 있는 많은 마을에서 사역자를 훈련하여 그 마을마다 교회를 세우는 전략을 세웠다.

W 목사님과 힘을 합해 일꾼들을 말씀으로 훈련하기 시작했다. 농촌의 농번기는 무척 바쁘지만, 1년 중 거의 반에 가까운 농한기는 한가했다. 그래서 우리는 그 이점을 살려 농한기에 각 마을 사역자들을 불러 모아 마음껏 훈련했다. 얼마 후 그렇게 개척한 교회가 열네 곳이 됐고, 지금도 계속 늘어나고 있다.

그 교회들을 일으키는 것은 쉬운 일이 아니었다. 그러나 주님은 말씀과 성령을 통해 그들에게 역사하셨다. 마을에서 많은 귀신이 떠나가고, 병자들이 고침을 받고, 임신하지 못하던 부인들이 자녀를 갖게 되는 등 주님이 역사하여 부흥에 큰 힘이 되었다. 무엇보다 꾸준한 신앙 훈련을 통해 이제는 진리 위에 굳게 서게 되었다.

그 훈련된 사역자들은 훈련받은 후 흩어져 각자 자기 교회를 맡아 사역했다. 그래서 한두 목회자가 광활하게 흩어진 교회들을 다 관리해야 하는 부담이 없어졌다. 우리는 그렇게 해당 지역의 사역자들을 세우면서 흩어져 있는 교회들을 유지, 관리할 수 있었다. 우리는 그 사역자들을 훈련하는 일에 초점을 맞췄다.

농촌 지역 부흥을 위한 특별한 역사

● 2011년 겨울, 나는 그때도 사역자들의 훈련을 위해 농촌으로 향했다. 선교지에 도착하자마자 호 형제로부터 연락이 왔다. 90세 된 어머니가 갑자기 돌아가셨다고 했다. 우리는 곧 모임을 시작해야 하는데 장례식이 있어 다음 주 집회가 어떻게 될지 염려됐다.

호 형제의 마을에서는 그와 여동생 그리고 어머니, 이렇게 3명만 예수를 믿었다. 우리는 장례식을 어떤 식으로 할지 호 형제와 상의했다. 호 형제는 어머니가 기독교인이니 어머니의 유언대로 기독교식으로 장례를 치르기 원했으나, 믿지 않는 그의 형제들과 동네 사람들이 강력히 반발했다. 마을 사람들은 재래식 장례만이 조상에 대한 경의의 표시라고 생각했기 때문이다. 그래서 이럴 때 믿는 사람으로서 어찌해야 할지 상의했다.

호 형제가 장남의 권위로 밀어붙여 기독교 예식으로 장례를 치를 수는 있었다. 그러나 불신자와의 다툼은 현명한 일이 아니라고 생각했다. 호 형제의 어머니는 이미 천국으로 가셨다. 어머니의 미래는 이미 주님이 다 결정해 주신 것이다. 그런데 어머니의 구원과 상관없는 형식에 관한 문제로 이웃과 대립하면 앞으로 그 마을에서 전도의 문이 닫힐까 걱정스러웠다. 그래서 우리는 그들의 전통 방식대로 장례를 치르고 주님의 인도하심에 맡기자고 말했다.

호 형제는 마음이 불편했지만 결국 마을 사람들이 장례를 주관하도록 허락했다. 그리고 그들이 주관하는 장례를 그대로 지켜보았다. 호 형제와 여동생은 장례식을 그냥 지켜보기만 했다. 그들은 장례식을 주말에 다 마쳤다.

호 형제는 다음 월요일 아침에 시작하는 말씀 집회에 참석했다. 그런데 사랑하는 어머니를 잃고 금방 장례를 마친 아들치고는 그의 모습이 너무도 밝고 기쁨에 차 있었다. 우리는 왜 그리 싱글벙글하냐고 그에게 물었다. 그랬더니 자기 어머니가 천국 가신 것이 너무나 확실해서 기쁘다는 것이었다. 지난 주말에 있었던 장례식의 자초지종은 다음과 같았다.

마을 사람들은 그들의 전통 방식대로 장례를 치르고 염을 했다. 그런데 시신을 섭씨 영하 20도 이하 되는 바깥에 놓아 두어 시신이 꽁꽁 얼어 버렸다. 재래식 장례식에서는 시신이 부패하지 않도록 집 밖에 두었기 때문이다. 그런데 아침에 일어나 보니 시신을 묶어 놓았던 굵은 밧줄이 다 풀려 있었다. 주님이 뜻이 있어서 그 밧줄을 다 풀어 놓으신 것이었다. 그러나 마을 사람들은 누가 장례를 방해하려고 밧줄을 풀었다고 오해했다.

그때 그들이 보는 눈앞에서 또 다른 기적이 일어났다. 시신이 얼면 돌같이 단단한 얼음덩어리가 된다는 것은 누구나 다 아는 사실이다. 그런데 얼었던 노인의 팔이 크게 움직이고 있었다. 그것을 본 마을 사람들은 큰 충격을 받았다. 그들과 같은 우상 숭배자들이 하나님의 자녀인 그 어머니를 묶어 둘 수 없다는 것을 주님이 보여 주신 것이다.

그리고 그다음 날 세 번째 기적이 일어났다. 마을 사람들은 어머니가 저승길에 드시라고 쌀을 쥐여 주고 양손을 꽁꽁 묶어 두었다. 그런데 그 쌀이 모두 바닥에 버려져 있었다. 그런 것들은 다 필요 없다는 어머니의 표현 같았다.

네 번째 기적도 보여 주셨다. 마을 사람들이 돌아가신 노인의 얼굴을 보니 놀랍게도 평온했다. 전에 보았던 죽은 사람들의 모습과는 전혀 달랐다. 모든 것을 목격한 마을 사람들은 많은 도전을 받았다. "예수 믿는 사람은 역시 다르구나!" 그것이 호 형제가 싱글벙글했던 이유였다. 어머니를 잃은 것은 슬프지만, 어머니가 천국으로 가신 징조가 너무나도 확실했다. 그래서 호 형제는 어머니를 기쁨으로 보내 드렸다.

그는 장례 가운데서도 기쁨이 충만했다. 열악한 환경에서도 그는 그 마을을 전도하기 위해 홀로 외로운 싸움을 해왔다. 그런데 주님이 그의 기도를 들으시고 그 마을에 그렇게 역사해 주셨다.

몇 달 후, 다음 여행 중 나는 그 마을을 다시 방문하게 되었다. 그리고 그 교회에서 예배를 인도했다. 전에는 2명뿐이던 그 예배 처소에 앉을 자리가 모자라 대부분 서서 예배를 드릴 만큼 사람이 가득했다. 그 마을을 복음화시켜 달라는 호 형제의 기도를 주님은 그 어머니의 죽음을 통해 부흥으로 응답하셨다. 온 마을을 상대로 외롭게 싸우는 호 형제에게 주님은 그렇게 자비를 베풀어 주셨다.

이렇게 시작한 농촌 교회들은 대부분 불신자로부터 시작되었다. 주님이 W 목사님을 통해 이렇게 여러 교회에 역사하셨다. 그는 교육을 많이 받은 사람도 아니다. 단지 초등학교만 졸업했을 뿐이다. 그러나 주님은 그를 통해 교회를 부흥시키셨고, 그 부흥이 여러 지역에 알려지면서 다른 지역에서도 그 교회를 배우기 위해 찾아왔다. 그래서 W 목사님은 그 찾아온 교회들을 위하여 순회하며 가르치며 돕고 있다.

그 교회 지도자들은 서방 세계 사역자들과 같이 신학 공부를 많이 하지 못했다. 그래서 나는 W 목사님과 그 사역자들을 계속 가르쳐야 했다. 지금은 인터넷을 통한 교육이 보편화되고 유용하여, 이 방법으로 교육을 계속하고 있다.

인터넷을 통해 많은 사연이 오가는데, 그중에는 놀라운 소식들도 보인다. 그 사연 중에는 우리가 그들의 생명의 은인이라는 고백도 많다. 과거에 우상을 섬기며 사망의 길로 가던 이들이 이제는 생명을 얻고 생명을 전하는 삶을 살게 되었다는 것이다. 그러나 우리는 생명의 은인이 아니다. 우리 주님만이 생명의 은인이시다. 다만 주님이 잠깐 우리에게 그런 심부름을 시키셨을 뿐이다. 주님은 우리 모두를 시켜 그렇게 열매를 맺게 하셨다. 우리는 단지 그의 은혜에 감사할 뿐이다.

간증으로 밤을 새우는 형제자매들

● 2013년 9월, 대련에 살고 있던 리 형제는 중국 곳곳에 돌아다니고 있는 내 강의 녹음을 들었다. 그때 치치하얼에서 예정된 집회가 있었는데 리 형제는 그 집회에 참석하고 싶었다. 그래서 그는 수소문하여 집회 장소로 찾아왔다. 그는 이틀에 걸쳐 기차와 버스를 여섯 번 갈아타고 흑룡강 북부 치치하얼에 도착했다.

집회 일정을 다 마치고 저녁 식사 후 형제자매들이 모여 교제의 시간을 가졌다. 자연스럽게 주님이 허락해 주신 지난날의 놀라운 간증을 나누게 되었다. 그 간증들은 참으로 놀라웠다. 밤이 늦었지만 간증에 간증이 끝없이 이어졌다. 우리는 그동안 받은 축복을 다 나눌 수가 없었다. 그 분위기로 보아서는 밤을 새워도 다 못 나눌 것 같았다.

간증 내용은 대개 그들이 받은 많은 복과 하나님의 놀라운 역사였다. 축복의 이유는 대부분 말씀에 대한 순종이었다. 그리고 주님만 의지하는 믿음의 삶이었다. 그런 삶에 주어진 주님의 축복이 그들의 간증을 끝없이 이어지게 했다.

그들은 빈궁한 삶을 살지만 기쁨과 풍요함이 있었다. 많은 교회가 자기의 부요함을 자랑하나 항상 부족함을 느낀다. 그러나 그들은 가난과 환난 중에도 풍요함이 있었다. 우리는 다음 날 오전 5시에 다시 출발해야 했기에 뜨거운 감사의 기도를 드리고 자정이 되어서야 잠을 청했다.

치치하얼에서의 집회를 마치고 N이라는 마을에 도착하여 우리는 재회의 기쁨을 나누었다. 6년 만에 다시 모인 집회였다. 집회를 시작하는데 그 마을의 왕이라는 청년이 술 냄새를 풍기며 담배를 물고 집회 장소에 들락날락했다. 그는 교회를 몹시 싫어해 평소에도 습관처럼 교회 집회를 방해하곤 한다고 했다. 우리가 만류하면 오히려 난장판이 될 수 있다고도 했다. 나는 그가 몹시 신경 쓰였다. 그가 집회를 망치지 않을까 걱정되었다. 그러나 이것은 주님이 하시는 일이니 그분께 맡기는 수밖에 없었다.

그런데 다음 날 아침 첫 휴식 시간이 끝난 후 그의 태도가 진지해지기 시작했다. 그가 갑자기 내 앞에 무릎을 꿇고 앉았다. 나는 그에 대한 경계심이 있었던 터라 결국 그가 사고를 치는구나 생각했다. 그래서 당황하고 있었는데 놀랍게도 그는 그 자리에서 예수를 믿겠으니 기도해 달라고 했다. 중국인들은 완전히 항복하는 것이 아니면 어느 누구에게도 무릎을 꿇지 않는다.

그의 달라진 모습은 정말 대형 사고였다. 그는 과거의 습관대로 교회 안팎을 들락거리면서 집회에서 하는 말씀을 듣고 있었던 것이다. 그 말씀이 그를 그렇게 바꾸었다. 우리는 그에게 주님을 영접하는 기도를 시켰다. 예수님을 영접하고 나서는 그의 태도가 완전히 변했다. 그 말썽쟁이가 갑자기 주님의 자녀가 된 것이다. 사람은 할 수 없었지만 주님이 하셨다. 그래서 우리는 모두 주님께 감사와 영광을 돌렸다.

니스워빠바

● 　　중국인 자매들은 가끔 나에게 '니스워빠바'라고 한다. '내 아빠'라는 뜻이다. 내가 깜짝 놀라 "내가 왜 네 아빠야? 그런 소리 하지 마!"라고 해도 자매들은 계속 나를 '아빠'라고 했다. 알고 보니 그들에게는 말씀으로 변화를 받으면 아빠라고 부르는 풍습이 있었다. 혈연관계와는 전혀 무관한 표현이다. 말씀을 통해 맺은 영적인 관계이다. 그렇게 나를 아빠라고 부르는 자매가 나에게 6명이나 되었다.

전에 없던 딸들이 갑자기 생기니 너무도 생소했다. 그러나 싫지는 않았다. 왜 내가 아빠냐고 물으면, 자매들은 말씀을 깨닫게 되어 자기가 영적으로 살아났기 때문이라고 했다. 그렇다면 그런 딸이 많았으면 좋겠다는 욕심도 생겼다. 그러나 사실은 주님이 그들을 살렸다. 나 역시 그 수혜자일 뿐이다.

그런데 그 자매들은 그저 말로만 아빠라고 부른 것이 아니었다. 정말 나를 부모처럼 대했다. 내가 암으로 투병할 때 그들이 중국 돈으로 만 원이나 보내온 일도 있었다. 분에 넘치는 액수였다. 당시 일반 노동자들의 월급은 2천 원 정도였고, 5천 원이면 괜찮게 사는 편이었다. 그들은 그렇게 사랑과 희생이 넘치는 사람이 되었다.

형제들도 나를 아빠와 같이 대했다. 그런데 나와의 관계가 아무리 좋아도 나를 아빠라고 부르는 형제는 없었다. 아마도 자매들에게만 있는 풍습인 것 같다.

하나님의 말씀은 우리를 하나 되게 하는 능력이 있다. 지금도 우리가 체험하고 있다. 예수님도 우리를 말씀으로 하나 되게 하셨다. 거듭 말하지만, 우리는 물질로 맺어진 관계와는 다른 차원의 관계를 지금도 유지하고 있다.

4부

나의 실패 이야기: 도피하는 삶

앞에서 이야기한 대로 주님은 다섯 가지 영상을 나에게 보여 주셨다. 엄격한 의미에서는 세 가지 영상이고, 다른 두 가지는 후에 변화된 영상이었다. 나는 그 영상들을 통해 나의 갈 길을 알게 되었다. 그리고 주님은 나의 삶을 그렇게 인도하셨다. 이를 위해 나는 그 뜻을 이해하고, 그 뜻을 따라 살아야 했다.

그러나 나는 그에 대한 확실한 믿음이 없어서 흔들리는 때가 많았다. 사람을 의지하지 않고 주님이 원하시는 길만 가야 했지만, 나는 자꾸 사람들의 눈에 나를 맞추려 했다. 그것이 내가 실패했던 요인이었다. 주님을 떠나 내 생각대로 했던 것은 모두 실패했다. 내 뜻대로 맺은 열매는 하나도 없었다. 열매가 없는 것뿐 아니라 그것 때문에 수치를 당하고 어려움을 겪기도 했다.

주님이 정하신 것은 절대 변개할 수 없이 이루어졌다. 그래서 내가 주님의 길에서 벗어나 내가 원하는 길을 가려고 할 때마다 주님은 그것을 막아 주셨다. 그것이 엄청난 은혜였다. 그러나 거기에는 많은 고통이 있었다. 그래서 4부에서는 내가 실패했던 일을 소개하려 한다. 이 교훈을 통해 그 누구도 나처럼 방황하는 삶을 살지 않기를 바란다.

"나를 떠나서는 너희가 아무것도 할 수 없음이라"(요 15:5).

실패했던 것을 정리하자면, 우선 나는 금전의 힘을 의지하려고 했다. 그리고 신체적으로 많은 문제가 있어 힘들었기에 다른 쉬운 일을 기웃거리기도 했다. 사역지를 지역적으로 가까운 멕시코나 남미로 바꾸어 보려고도 했다. 또 선교 단체의 사역을 통해 다른 일을 해 보려고도 했다. 탈북자 사역도 잠시 기웃거렸고, 더는 고생하지 말고 미국 지역에서 교회를 개척하여 편히 목회할까 하는 생각도 있었다.

무엇보다 나를 배척하는 한국인들에게 인정받으려 불필요한 일을 많이 했다. 사람들이 내 의도대로 나와 협조해 주면 선교 사역이 아주 잘될 것 같았다. 그러나 그런 협조는 전혀 없었다. 이 글을 쓰며 내가 살아온 과거를 다시 정리해 보았다. 그 결과는 너무도 놀라웠다. 나의 시도는 100퍼센트 실패했다. 그러나 주님의 뜻에 순종해 중국 선교지를 섬기는 일에는 이상하게도 항상 열매가 풍성했다.

사도 바울이 "나를 이방인의 사도로 삼았다"라고 말한 것처럼, 그때 주님께서 나에게 "너는 오직 중국만 섬겨라" 하고 말씀해 주셨다면 얼마나 쉬웠을까. 나는 주님의 뜻을 깨닫지 못하고 방황하며 내 삶을 많이 낭비했다.

사실 주님은 나에게 보여 주신 영상들을 통해 그것을 미리 알려 주셨다. 내가 그것을 확실하게 믿음으로 받아들였다면 아마 방황하는 일 없이 선교지를 더 잘 섬겼을 것이다. 전에 나의 한 중국인 친척도 내가 중국에 가서 사역해야 한다고 예언처럼 여러 번 말했었다. 그리고 그는 그것을 위해 계속 기도했다. 그때는 내가 중국을 전혀 알지도 못하던 때였다. 나는 말도 안 되는 이야기라고 그의 말을 무시하고 살았지만, 결국 그의 기도가 이루어졌다.

열등감

● 내가 선교의 길을 택했을 때 나의 편이 되어 준 사람은 거의 없었다. 물론 주님은 나의 편이 되어 주셨지만, 정작 내 형편을 보니 주님이 나의 편이라는 확신도 없어졌다. 자기가 선교사라고 자신 있게 말하는 사람을 많이 보았다. 그러나 나는 내가 선교사라는 확신도 없이 외로운 길을 갔다.

일부 사람들의 관점에서 나는 가짜 선교사였다. 우선 나에게 장애가 있으니 아무도 나를 선교사로 임명할 수가 없었다. 정식으로 선교 훈련이나 언어 훈련을 받은 일도 없었다. 나는 인간적으로 선교사로서의 단점이란 단점은 다 지니고 있었다. 그래서 나는 선교할 자격이 전혀 없는 자로 사람들에게 알려져 있었다.

선교사로 인정받지 못하니 선교사들에게 당연히 있는 파송 예배조차도 나에게는 없었다. 선교사를 위한 기도의 모임도 없었다. 내가 선교의 길에 나선다고 했을 때 오히려 나와 교제하던 많은 성도가 나를 피해 다녔다. 교회가 선교사로 인정하지도 않는 선교사의 선교비를 감당해야 할지도 모른다는 부담감 때문이었다. 심지어 나를 미워하는 사람들도 있었다. 사람들의 관점에서는 내가 그런 존재일 수밖에 없었을 것이다.

언어 문제

● 정식 선교사가 되려면 먼저 선교지에 거주하며 언어를 습득하는 것이 필수다. 그러나 나에게는 그런 환경이 허락되지 않았다. 중국어 학원도 다녀 봤지만 언어 훈련에 실패했다. 할 수 있는 노력을 다 해봤지만 중국어로 가르치는 일에 성공한다는 희망은 당장 접어야 했다. 중년의 나이에 본격적인 언어 공부를 시작했지만 한계가 있었다.

무엇보다 나에게는 성경을 몰라 신앙에서 빗나가는 중국 사역자들을 돕는 일이 당장 급했다. 말씀 사역 일정에 쫓기는 처지에서 공부해도 금세 잊어버리는 중국어 공부에만 계속 매달릴 수는 없었다. 중국어 공부 끝에 중국인에게 하는 개인 전도 정도는 가능해졌다. 그러나 전도 사역도 계속 하지 않으니 그 말마저 거의 잊어버렸다.

나이 많은 나에게 중국어로 하는 말씀 집회는 그렇게 간단하지 않았다. 중국에서 태어난 사역자조차도 성경 강의에는 어려움이 많았다. 나는 약한 몸 때문에 선교지에 오래 거주할 수는 없었다. 여전히 건강에 문제가 있어서 미국을 오가며 계속 치료를 받아야 했다.

결국 나는 통역자들을 의지할 수밖에 없었다. 그것이 그때 주님이 나에게 허락하신 최선의 방법이었다.

후에 성경을 배우려고 선교지에서 중국 제자들이 몰려왔다. 그 결과 나의 사역이 중국 교회에 알려지면서 중국에서 사역하는 한국 선교사들도 나를 주목하게 되었다. 그들은 모임을 만들어 중국인들이 나에게 받던 훈련에 참여하게 해달라고 요청해 왔다. 그 선교사들은 대부분 선교 훈련을 받고 현지에 온 이들이었다. 그런데 희한하게도 그들 중에 나의 선교가 잘못됐다고 비난하던 이도 그 훈련에 참여했다. 주님은 나의 약한 것들을 이용하여 나에게 그들도 섬길 수 있도록 하셨다.

선교비 문제

● 내가 신학교에 입학하자 출석하던 교회에서 자동적으로 나를 전도사로 임명했다. 이것은 한국 교회의 관행이었다. 나의 의지와 관계없이 나는 전도사가 되었다. 전도사 일에는 관심이 없었지만 등 떠밀려 그 일을 했다.

몇 해가 지난 후 나는 선교에 부르심이 있어서 선교지로 떠나야 했다. 그러나 그 교회는 선교를 반대하는 분위기였다. 물론 선교를 무조건 반대하는 것이 아니라, 교회가 안정되면 그때 열심히 선교하자는 것이었다. 그러나 교회가 모든 것이 안정되어 선교하는 교회는 아직 본 적이 없다.

당시 교회는 재정적으로 힘들었다. 그런 상황에서 나를 선교사로 임명하면 교회는 더욱 힘들어질 수밖에 없었다. 내가 선교사로 나가면 내 선교를 지원해야 하고, 교회의 일꾼까지 줄어들게 되니 교회로서는 더 힘들어지는 것이었다. 그런데 성령님은 내가 선교지로 갈 수밖에 없도록 인도하셨다. 교회는 격렬하게 반대했지만 교회보다 주님이 우선이기에 나는 반대를 무릅쓰고 선교지로 떠났다. 교회에 불복종하자 교회는 나에게 등을 돌렸다. 그리고 선교에 대한 아무런 지원도 없었다.

그런데 교회에 복을 주시고 안 주시고는 교회 살림을 얼마나 잘 챙기는지에 있지 않았다. 후에 깨닫고 보니 모두 하나님의 손에 달려 있었다. 예수님은 사마리아로 가서 선교하신 후 "나에게는 너희가 알지 못하는 먹을 양식이 있느니라"(요 4:32)라고 하셨다. 그 양식 때문에 기진맥진하셨던 예수님께서 다시 활기를 찾으셨다. 나도 선교 현장에서 그런 경험을 많이 했다. 하나님께서는 선교를 통하여 선교사뿐 아니라 선교에 참여하는 성도와 교회에도 우리가 알지 못하는 양식을 주신다.

선교에 매진하는 교회들의 특징은 그런 영적 갈증이 해소된다는 것이다. 그런 교회는 신앙이 달라진다. 남에게 과시하려는 선교가 아니라 진정으로 남을 보살피는 선교는 그렇게 된다. 그런 양식 없이 어떻게 신앙을 유지할 수 있을까 싶다. 아쉬웠던 것은, 그 교회가 자신만을 위하려다 그런 엄청난 양식을 놓쳤다는 것이다. 육의 양식도 영의 양식도 다 잃어버렸다. 여러 해가 지난 후 결국 그 교회는 문을 닫고 성도도 모두 흩어져 버렸다.

선교 초기에 나는 아무런 지원도 없는 가운데 선교에 나섰다. 그때 사람들의 충고가 나에게 무척 부담이 됐다. 선교하려면 우선 선교비 문제가 해결되어야 하고, 그래야 선교가 가능하다는 말이었다. 그것이 선배 선교사들의 충고였고, 선교에 대한 사람들의 선입관이었다.

아무 준비도 안 된 나는 선교비에 대한 두려움이 생겼다. 그래서 도움을 구하려고 한 여집사님이 경영하는 업체를 찾아가 앞으로 선교지로 갈 것이라고 알렸다. 그 집사님은 발이 넓고 남들을 잘 도와주었기 때문에 그를 통해 선교비 해결에 대한 실마리를 찾고 싶었다. 그러나 그는 지금 업체들이 경기가 좋지 않다며 도움주기를 거부했다. 선교 후원 받는 것은 실패했고 다만 그와 교제를 나누고 돌아왔다.

선교비 요청을 위해 누군가를 만난 것은 그때 한 번뿐이었다. 그런데 그것이 엄청난 부작용으로 돌아왔다. 내가 선교 후원을 요청했다는 소식이 퍼져 나갔고, 나를 아는 많은 사람이 그 소식을 듣고 나에게 등을 돌렸다. 선교사들은 통상 교인들의 도움을 받는다. 그러나 나의 선교를 반대하던 교회 분위기 속에서 나에게는 그들이 부담이 될 수밖에 없었다. 이로써 그들과의 교제가 더욱 힘들어졌다.

나는 그들을 탓하지 않는다. 주님이 나의 재정적 필요를 다 준비해 주셨는데 나는 그것도 모르고 사람을 의지하려 했다. 그것이 잘못이었다. 주님은 그렇게 나에게 재정적인 필요도 사람들을 의지하지 못하게 하셨다. 교회적인 지원은 전혀 없었지만, 후에 몇몇 형제자매의 지원을 통해 선교비는 전혀 부족함이 없게 되었다.

사실 중국 선교 현장에서 중국인들의 재정적 지원은 항상 풍성했다. 미국이나 한국에서의 지원보다 더 풍성했다. 처음에는 중국 교회에서 재정적으로 나를 지원한다는 것은 생각하지도 않았다. 그저 중국 교회도 스스로 자신들의 재정을 책임져야 한다고 말씀으로 가르쳤을 뿐이다. 그게 옳지만 현실과는 괴리가 있었기 때문에 그냥 기다리고만 있었다.

그런데 놀랍게도 시간이 지나면서 교회들이 재정적으로도 나를 돕기 시작했다. 특별히 내가 재정적으로 지원받는 교회가 없다는 것을 알고 중국 교회들이 힘이 닿는 대로 나를 지원했다. 그러는 동안 내 생각도 바뀌어 내가 섬기는 모든 중국 교회가 나를 지원하는 것이 옳다고 판단했고, 그들이 그렇게 실천하도록 했다. 모든 교회가 그렇게 하도록 했다. 나에게 돈이 필요해서가 아니라 그것이 그들에게 유익했기 때문이다.

> "성경에 일렀으되 곡식을 밟아 떠는 소의 입에 망을 씌우지 말라 하였고 또 일꾼이 그 삯을 받는 것은 마땅하다 하였느니라"(딤전 5:18).

한때는 선교 여행이 육체적으로 너무 힘들어 잠시 쉬고 싶었다. 그러나 말씀을 기다리고 있는 제자들과 일정이 있으니 마음대로 쉴 수도 없었다. 그때 나에게 꾀가 생겼다. 주님이 나의 선교비를 주시지 않으면 마음 편히 쉴 수 있으리라 생각하고 그것을 기다렸다. 그러나 주님은 한 번도 선교비를 부족하게 하신 적이 없었다. 오히려 항상 풍족했다.

중국 하얼빈에 사는 꾸 자매가 있었다. 그 자매는 몸이 약하고 집도 가난했다. 그런 꾸 자매에게 특별히 주님의 일꾼들을 돕고자 하는 소원이 생겼다. 재정 지원이 부족해 사역에 어려움이 있는 분들이 있었기 때문이다. 꾸 자매는 그것을 위해 기도했고, 주님이 그 기도를 들으셔서 큰 타이어 상점을 허락하셨다. 그는 사업이 번창하여 우리 사역에 많은 도움을 주었다. 자기 자신보다 주님을 위해 그 물질을 쓰기 원하여 애원하다시피 나에게 권했다. 필요한 것이 있으면 언제든 알려 달라고 했고, 필요할 때마다 도움을 주었다. 심지어 자매는 자동차를 하나 사주고 싶으니 무엇이든 원하는 차를 선택하라고 했다. 그러나 나는 비행기와 기차로 충분했고, 사역지에서 자동차를 쓸 일이 없었다.

꾸 자매 외에 중국의 다른 형제자매들도 물질의 복을 받아서 나에게 도움을 많이 주었다. 혹시 내가 돈이 필요하면 한번에 1만 불까지는 주겠다고 했다. 그러나 나에게는 그렇게 큰돈을 쓸 일이 없었다. 내가 가는 곳마다 중국 교회에서 나의 필요를 다 공급해 주었다. 만일 내가 나쁜 마음을 먹으면 그런 것을 악용하여 큰돈을 벌 수도 있었다. 그러나 나는 당연히 그런 일은 상상조차 하지 않았다.

이처럼 주님이 나에게 풍성하게 공급해 주셨음에도 선교헌금 때문에 나를 부담스러워하고 떠난 사람들이 있었다. 선교 초기에 내가 하나님보다 사람을 의지했기 때문이다.

육체적인 과로에서의 도피

● 　　내가 또 힘들어했던 것은 육체적 과로로 인한 부담이었다. 집회가 계속되는 동안 점점 지쳤고, 선교지에서 몇 주간의 집회를 마치고 나면 육체적으로 너무 힘들었다. 집회를 기다리는 제자들로 인해 나의 일정은 항상 밀려 있었다. 그러니 내가 일을 적당히 마치고 집으로 돌아갈 수도 없었다. 다행히 집으로 갈 수 있어서 얼마간 휴식을 취해도 그 피로는 쉽게 풀리지 않았다.

　육체의 피로는 며칠간 휴식하면 어느 정도 회복된다. 그러나 계속해서 반복되는 정신적 피로는 쉽게 가시지 않았다. 집회를 할 때든, 쉬고 있을 때든 항상 다음 집회를 준비해야 했다. 그러다 보니 피곤이 풀리지 않은 상태로 다음 집회를 진행해야 했다. 계속되는 집회 요청에 항상 나를 기다리는 일정이 있어 나는 육체적 피로가 항상 누적되어 있었다. 그런 일을 1, 2년이 아니라 10년, 20년을 계속하는 것은 쉬운 일이 아니었다.

　내 육체가 더는 감당하기 힘들게 되자 이제는 중국 여행을 피하고 싶은 유혹이 생겼다. 그래서 나는 다른 사역을 기웃거리게 되었다. 내가 육체적으로 쉽게 감당할 수 있는 다른 사역을 찾아···.

남미로의 일탈

● 　　중국에서는 시차 때문에 항상 밤낮이 바뀐 상태에서 계속 선교지를 오가야 했다. 선교지에 있을 때는 일단 떠나면 먼 여행을 다니며 몇 주간의 강의를 계속해야 했다. 이것이 육체적으로 너무 힘들었다. 어떤 때는 너무 피곤해 눈이 침침해지고 얼굴에 경련이 일어나기도 했다. 그러나 말씀에 갈급해 있는 제자들 때문에 힘들다는 내색도 할 수 없었다.

반면 남미는 미국과 가깝다. 똑같은 사역을 하더라도 여행하기가 쉽고, 무엇보다 밤낮이 바뀌지 않으니 육체적으로 훨씬 부담이 적었다. 그래서 나는 남미 사역으로 성공하여 정식 선교팀에 합류하기를 원했다. 그러면 일도 쉬워지고, 가짜 선교사라는 오명에서도 벗어날 수 있을 것 같았다.

나와 아내는 한동안 우루과이에 머물면서 선교지를 섬겼다. 그러나 남미를 기웃거리며 이것저것 해봐도 아무 열매가 보이지 않았고 기쁨도 없었다. 나의 전공 과목이 되어 버린 제자 양육 사역의 문이 전혀 열리지 않았다. 남미의 교회는 말씀 강해보다 기적과 이적에 관심이 많았다. 그러니 나는 불신자들을 향한 노방 전도 외에는 할 일이 없었다. 아르헨티나를 둘러보았으나 역시 문이 열리지 않았다. 중국에서는 쉽게 열렸던 문이 남미에서는 아무리 두드려 보아도 도무지 열리지 않았다.

선교 단체

● 미국의 한 선교 단체에 이사로 합류한 적이 있었다. 나는 그 단체를 통해 젊은 대학생 선교 지원자들의 선교를 돕고 싶었다. 그리고 한때는 그것을 핑계로 그 단체를 통해 미국에 안주해 보려고도 했다. 그러나 그것은 내 일이 아니라는 것을 곧 깨달았다. 내가 할 일을 제쳐 놓고 다른 일을 하자 나에게는 아무 열매도 없었다.

선교 단체의 이론은 아주 훌륭했다. 그러나 주님이 내게 주신 선교 이론 외에는 나에게 잘 맞는 이론이 없었다. 그래서 나는 그 선교 단체의 일을 접고 다시 중국 제자들의 양육에 집중했다.

탈북자 사역

● 미국에 사는 최모 형제가 탈북자 사역에 비전이 있어서 중국에서 몰려오는 탈북자들을 돕고 있었다. 그 형제가 강권하여 한동안 그 사역에 동행하기도 했다. 우리는 탈북자들을 돕기도 하고 전도도 했다. 형제는 그 일을 열정적으로 했지만, 나는 곧 그것이 나의 일이 아니라는 것을 깨달았다.

탈북자들을 돕는 일을 하려고 했지만 결국 굶주린 자들에게 육적 양식을 먹이는 일밖에 할 수 없었다. 그것 역시 필요한 일이지만, 주님이 나를 그것을 위해 부르신 것은 아님을 깨달았다. 오히려 그 주위에 있는 중국 교회들이 나에게 찾아와 말씀을 배우려 했다. 주님은 나에게 정해 주신 길만 계속 가게 하셨다. 그래서 탈북자 돕는 일은 곧 접었다.

미국에서 시도했던 개척 교회

● 미국에 있었을 때의 이야기이다. 하루는 제자 중 하나가 자기 집에서 저녁 식사를 하자고 우리를 초대했다. 초대받아 그곳에 가보니 뜻밖에 많은 신도가 모여 있었다. 식사에 초대했던 그 가정 외에는 모두 모르는 사람이었는데, 아이들까지 모두 36명이었다.

식사를 마치고 그들은 내 의견을 들으려고 모두 모였다. 그들은 나에게 앞으로 선교 일을 하기보다 자기들과 함께 교회를 시작하는 것이 좋지 않겠냐고 제안했다. 그러면 교회를 중심으로 선교도 이어 갈 수 있지 않느냐는 것이었다. 그 말은 매우 설득력이 있었고 내 귀에도 솔깃했다. 사실 두세 명으로 시작하는 교회도 있고, 오랫동안 적은 인원으로 힘들게 유지되는 교회도 많았다. 그러니 36명으로 시작하면 이민 교회로서는 작은 교회가 아니었다. 그리고 더 많은 교인이 합세할 예정이라고 했다. 그들은 자신들의 교회가 재정도 염려

없고 안정적인 교회가 될 것이라고 주장했다.

그렇지 않아도 선교 일은 나에게 육체적으로 너무나 힘들었다. 그래서 교회를 시작하면 육체적으로는 훨씬 편할 것 같아서 큰 유혹이 되었다. 그들의 말은 인간적으로 모두 옳았다. 정해진 내 교회가 없는 어려움도 해결할 수 있었다. 그러나 문제는 주님의 뜻이었다. 나는 그 교회를 시작하게 해달라고 기도했으나, 그에 대한 응답은 전혀 없었다. 그때도 이미 나에게 맞추신 내비게이션을 주님은 바꿔 주시지 않았다.

남에게 인정받으려는 유혹

● 　　사람들은 항상 서로 비교하며 산다. 그건 목사님들도 마찬가지이다. 한국은 특히 더 심했다. 그들은 나에게 여러 가지 질문을 했다. 홀로 외롭게 다니고 있으니 도와주려고 질문하는 사람은 드물었다. 그저 비교하기 위해 질문한 것이었다. 교인의 숫자, 사역의 규모, 하다못해 자식들까지 비교한다.

교회에 가면 교단이 있고, 선교지에 가면 선교 단체가 있다. 그러나 나에게는 아무것도 없었다. 나에게 있는 것은 알려지지 않은 내 사역지뿐이었다. 나를 지원하는 단체도, 교회도, 사람도 없었다. 사람들은 교인의 숫자를 계급으로 보는 경우가 많았다. 그러니 내 계급은 항상 최하위였고, 꼴찌 대우도 많이 받았다. 이것은 내 열등감에서 비롯된 것은 아니다. 이런 대접을 받아 본 사람이면 누구나 느낄 수 있는 감정이다.

　나는 처음부터 인정을 못 받는 처지에서 시작했으니 당연히 그런 대우를 받은 것이다. 그러나 당시 나는 성숙하지 못했다. 계급의식으로 사람들에게 무시당할 때 죄성이 나를 유혹했다. 그래서 남에게 인정받으려고 필요 없는 일을 많이 했고, 부당하게 대우하는 사람들에게 반격도 해보았다. 나도 그런대로 인정받아야 할 사역자라고 스스로 홍보도 해보았다. 그러나 그럴 때마다 우스꽝스러운 꼴이 되고 말았다. 주님께 인정받으면 되는데 사람에게 인정받으려 하고, 심지어 분풀이까지 했다. 그런 것들은 나의 상황을 오히려 악화시켰다.

　사실 주님은 선교지를 통해 나에게 많은 위로와 기쁨을 주셨다. 그것이 하나님이 주신 나의 양식이었다. 그것만으로도 엄청난 복이었다. 그러나 나는 그것으로 만족하지 못하고 사람들을 의식했다.

　가끔 내 선교지의 근황을 알고자 하는 사람들이 있었다. 선교지를 알 수 있는 최선의 방법은 그 선교지를 방문하는 것이다. 그러나 내 선교지를 방문하는 사람은 별로 없었다. 그러나 내 선교지를 방문한 소수는 우리 선교를 잘 이해해 주고, 후에 우리 선교의 열렬한 지지자가 되었다.

　무엇보다 나에게 힘이 되어 준 분은 주님이고, 또 중국의 제자들이다. 그리고 우리 선교를 지원하고 있는 제자 훈련 팀이다. 뒤에서 후원해 주는 분들의 기도와 그들과의 교제가 우리를 깨어 있게 했다. 중국의 제자들도 인터넷을 통한 말씀 훈련을 계속 잘 따라 주었다. 그렇게 우리는 말씀과 기도로 서로를 세워 주었다. 그래서 우리 제자들은 그 어려운 핍박 중에서도 계속 성장할 수 있었다.

한국에서 온 선교 지망생들

● 한국의 신학교 졸업반 학생들 중 몇 명이 선교의 뜻을 품고 선교지를 찾았다. 그들은 물려받은 재산이 많았고, 그 재산이 선교에 큰 힘이 되기를 원했다. 그래서 선교에 많은 재정을 투입했지만 열매는 없었다. 우리 선교지에는 이미 말씀이 들어가 있었다. 그래서 물질 때문에 그들의 신앙이 좌지우지되지는 않았다.

그 한국 선교팀은 선교지에서 말씀도 가르치려 했다. 그러나 그들은 말씀을 가르칠 준비가 되지 않은 상태에서 선교지에 뛰어들었기에 그들의 가르침에는 전혀 열매가 없었다. 중국 사람들에게 호응도 얻지 못했다.

그들은 나의 선교 집회를 참관하고 나서 나와 같은 사역을 하기를 원했다. 그들은 나에게 어떻게 그런 선교를 할 수 있는지 물었다. 그래서 나는 시간을 내어 선교에 관심 있는 사람들을 모아 특별 모임을 만들었다. 우리는 한국에서 모임을 갖고, 앞서 언급한 주님이 나를 인도해 주신 선교의 길에 대해 나누었다. 그 사역을 통해 성공한 사례와 실패한 사례도 소개했다. 내가 그 선교의 길을 따랐기 때문에 선교지에서 중국 사역자들을 변화시킬 수 있었다는 것도 말했다.

그러나 그들은 강연의 내용을 이해하지 못했다. 그들은 이미 굳어 버린 고정관념에서 벗어나지 못했다. 특히 예수님같이 종으로서 다른 이를 섬겨야 한다는 생각을 받아들이지 못했다. 그들은 많이 가진 자들이었기에 가진 자로서 선교하려 했다. 또 높은 신분으로 선교하려 했다. 그들이 선교로 열매 맺는 일꾼이 되도록 도우려 했지만, 그 결과는 크게 빗나가고 말았다. 주님의 부르심 없이 자기들의 뜻으로 시작한 선교였기 때문이다. 그런 사람들을 선교사로 세워 보려고 한 것은 내 잘못이었다.

후에 깨달은 것이지만, 선교지에서 율법으로 접근하는 선교사가 많았다. 은혜와 진리 대신 율법으로 접근하는 사람에게는 아무 열매가 없었다. 내가 해보고 싶다고 내 뜻대로 해서는 선교의 열매를 맺을 수가 없다.

결론적으로, 내가 주님의 뜻대로 하지 못했던 것은 모두 실패로 끝났다. 그러면 나는 바람에 나는 겨와 같을 수밖에 없었다. 믿음 좋은 사람들이 항상 하는 말이 있다. 주님이 다 하셨다는 것이다. 나는 그런 말을 들을 때마다 자기가 다 해놓고 겸손한 척한다고 생각했다. 그러나 실제로 일을 하고 보니 주님이 다 하셨다는 것을 인정할 수밖에 없었다.

5부

비를 주시는 영상:
성령님의 기적의 역사

나는 1부에서 하나님께서 비를 내려 주시는 영상을 보여 주셨다고 언급했다. 비는 성령님의 역사를 의미한다. 그런데 그 성령님의 역사가 나에게서는 주로 말씀을 통한 역사였다. 그리고 기적을 통한 역사도 있었다. 특별히 위급한 상황이 닥쳤을 때 주님은 필요를 따라 우리에게 역사하셨다.

5부에서는 비를 내려 주신 기적의 역사를 중심으로 소개하려고 한다. 그런데 앞서 3부에서는 선교지의 일을 소개하면서 자연스럽게 성령님의 기적의 역사를 함께 언급하기도 했고, 이 5부에서는 성령님의 기적의 역사를 소개하면서 반대로 선교지에서 있었던 일들도 다루기도 했다. 이처럼 3부와 5부의 내용에서는 구분이 모호한 곳이 있음을 미리 알려 둔다.

나의 소명은 말씀 사역

● 선교 초창기의 중국은 많은 전쟁을 치른 후라서 생활이 가난했고 마음들도 가난했다. 피폐해진 사회 환경 가운데서 사람들은 마음을 둘 곳이 없었다. 그러다 보니 예수 믿는 사람이 많아졌다. 힘들었던 만큼 그 결과로 영적으로는 엄청난 부흥이 있었다. 어떤 통계에 의하면 그 기간에 중국 신자의 수가 수십 배로 증가했다고 한다. 당연히 기독교 부흥에 도움이 되는 정책이나 특별한 조치는 전혀 없었다. 오히려 박해를 받았다.

그 엄청난 부흥이 일어난 과정에 여러 가지가 이유와 사건이 있었지만, 가장 많이 일어났던 현상은 병 낫는 기적이었다. 그때는 많은 불신자가 기도를 통해 병 고침 받고 예수를 믿었다. 그래서 그런 신유 사역이 교회 부흥에 큰 역할을 감당했다. 중국 교회 지도자들은 매우 부족했으나 교인들은 폭증했다. 예수님 당시에도 병 낫는 이적을 통해 예수님을 믿게 된 사람이 많았고, 지금 북한에서도 병 고침을 통해 수많은 사람이 예수를 믿고 있다.

이처럼 성령님의 놀라운 역사가 있을 때 나는 처음으로 중국에 발을 들여놓았다. 그때는 중국에 선교사나 목사가 왔다고 하면 사람들이 병 고침을 받기 위해 항상 많이 몰려왔다. 그들을 통해 병자들이 낫고 구원받는 일이 계속되면서 선교사나 목사라고 하면 모두 신유 사역을 한다고 생각하고 나에게도 많이 찾아왔다.

그러나 내가 기도해서 병 낫는 일은 거의 없었다. 온종일 말씀을 전하고 나면 무척 피곤했다. 말씀을 전하고 병자들을 위해 기도까지 하는 것을 나는 도저히 감당할 수 없었다. 만약 주님께서 나에게도 신유의 은사를 주셔서 남들과 같이 신유 사역도 했다면 나는 아마 체력적으로 힘들어서 말씀 사역을 포기해야 했을 것이다. 말씀을 가르친 다음에는 체력을 회복할 수 있는 휴식 시간이 나에게는 항상 필요했다. 휴식을 취하지 못하면 다음 강의를 제대로 진행할 수 없었다. 그래서 주님께서 필요에 따라 나에게 병 낫게 하는 은사를 주시지 않은 것 같다.

간혹 휴식 시간에 기도해 달라고 병자들이 몰려왔는데 그럴 때마다 나는 도망하고 싶었다. 나중에는 그들도 나에게 신유의 은사가 없는 것을 알아차리고는 기도 받으러 오는 일이 현저히 줄었다. 그래도 가끔 나에게 기도 받으러 오는 신자들이 있었는데, 그때는 주위에 있던 나의 동역자들이 "우리 목사님은 그런 사역 하시는 분이 아니야" 하면서 그들을 돌려보냈다. 그래서 나에게 기도 받는 일이 없어져서 나는 한시름 놓게 되었다.

비록 병을 낫게 하는 은사는 없었으나 말씀을 통해 변화 받는 일은 계속됐다. 그것이 주님께서 나에게 주신 은사였다. 집회를 마치고 집으로 돌아오면 내 마음은 흥분과 기쁨으로 차고 넘쳤다. 육체적으로는 힘들었지만 사역 이전에는 이런 즐거움이 없었다. 전에 주님께서 말씀하신 그대로였다. 어느 날 사역을 마치고 집으로 돌아오는 길에 사도행전 15장 3절 말씀이 떠올랐다.

"이방인들이 주께 돌아온 일을 말하여 형제들을 다 크게 기쁘게 하더라"(행 15:3).

주님께서 나를 통해 하신 일을 누군가와 나누면, 그들도 같이 기뻐하고 같이 하나님께 영광을 돌릴 것이라고 기대하며 마음이 한껏 부풀어 있었다. 그러나 승리의 소식을 나누어도 대부분 관심이 없었다. 나는 의문이 생겼다. 왜 사도행전 말씀처럼 함께 승리를 기뻐하지 않을까? 초대교회와 지금은 다른가? 지금도 초대교회처럼 영적인 승리를 기뻐하는 분위기가 되면 얼마나 좋을까?

그 이유를 생각해 보니, 나의 사역은 모두 비밀리에 행해졌고 외부에 알려지지 않았기 때문인 것 같았다. 나는 이런 것들을 나누고 싶은 마음이 컸지만, 서로의 불편함을 피하기 위해서는 입을 다물고 조용히 있는 것이 가장 현명하다고 생각했다. 가끔 기도 편지로 우리 선교 사역의 근황을 알리기도 했다. 그러나 대부분은 기도 편지조차 읽지 않았다. 그들 중 어떤 사람들은 내가 자꾸 황당한 이야기를 한다고 생각하는 것 같았다.

내 선교에 관심이 있는 사람은 극히 소수였다. 그리고 나에게는 선교 결과를 보고해야 할 의무가 전혀 없었다. 기도 편지를 보내든 안 보내든 나의 소속은 오직 중국 교회였기 때문이다. 이런 이유들로 내 사역을 남에게 알리는 일에 더욱 게을러졌다. 쉽게 이야기하면 사람들은 일종의 내 선교 보고를 귀찮게 여기는 듯했다. 나를 통해 이루어진 은밀한 사역들이 그런 결과를 불러온 것 같았다. 그래서 나는 다른 사람들에게 신경 쓰지 않고 그냥 선교지 사람들을 섬기는 일에만 집중하기로 했다. 그렇게 30년 넘게 지내다 보니 그것은 나의 자연스러운 습관이 되었다.

그렇더라도 감동적인 선교의 역사를 생각할 때마다 나는 감사와 기쁨이 넘쳤다. 하루는 말씀을 묵상하는 중에 전에 주님께서 나를 통해 이루신 일들을 생각하게 되었다. 그때 내 안에서 들려오는 세밀한 음성이 있었다. "그 일은 내가 했다." 그때 나는 속으로 대답했다. "제가 그것을 모를 리가 있나요? 당연히 주님이 다 하신 것이지요. 주님 외에 누가 감히 그런 일을 할 수 있겠어요?" 그러고는 아무 말씀도 없었다.

그러나 그 음성은 계속 내 마음속에 남아 있었다. '왜 내게 그런 말씀을 하셨을까? 주님은 내가 무엇을 하기를 원하실까?' 며칠 동안 생각하다 문득 깨달은 것은, 내가 하나님께서 하신 일을 알리는 것을 소홀히 했다는 것이었다. 그때 시편 말씀이 다시 생각났다.

"그가 하는 일을 만민 중에 알게 할지어다"(시 105:1).

그래서 나는 과거에 있었던 선교의 역사들을 사람들과 다시 나누기 시작했다. 그리고 하나님께서 하신 일들을 이 글을 통해 정리했다. 내가 그동안 기록하는 일을 소홀히 해서 기록에 누락된 부분도 많고 내 기억에서 사라진 것도 많다. 내가 선교하는 동안 꾸준히 기록하고 잘 정리했더라면 더 자세한 기록이 남아 있을 텐데 확실한 기억이 남아 있지 않으니 다 기록할 수는 없었다. 30년 이상 지난 일들을 갑자기 정리하는 것은 쉽지 않았다.

중국 현지 사람들은 주님께서 그들을 어떻게 인도하셨는지 잘 몰랐다. 어떤 과정을 통해 중국 교회가 여기까지 왔는지 모르고 있는 경우가 많았다. 그래서 그들에게 그 선교 역사를 알리는 것이 매우 필요했다. 그들이 과거를 제대로 알아야 앞으로 교회들을 잘 이끌어 나갈 수 있다고 생각했기 때문이다. 그래서 나는 더욱 중국에서 있었던 일을 기록해야 할 필요를 느꼈다. 또 이 선교지의 역사는 내 개인의 이야기가 아니라 모두 주님께서 하신 일이기 때문이다.

기적과 이적은 항상 존재한다. 그전에 내가 살던 편안한 삶에서는 선교지에 비해 특별한 역사가 나타나는 경우가 많지 않았다. 그런데 내가 선교지에 뛰어들었더니 상황이 놀랍게 달라졌다. 치열한 영적 전쟁 가운데 있을 때나 음부의 세력이 활동할 때 성령님은 우리를 보호해 주시고 특별히 역사하셨다. 이는 결코 내가 기적의 사람이기 때문이 아니다. 주님이 그의 사역을 위해 그렇게 하신 것이다.

선교지에서의 기적적인 삶과 일상에서의 편안한 삶이 얼마나 극적으로 달라지는지를 증명하기는 너무도 쉬웠다. 내가 한 달 동안의 선교 여행을 마치고 육체적인 핍박이 없는 안전한 집으로 돌아오면 그런 기적적인 사건은 전혀 다른 세상인 것처럼 갑자기 사라졌다. 그럴 때는 영적으로 완전히 다른 세계를 오가는 것 같은 느낌이 들기도 했다. 선교지가 아닌 편안한 일상에서는 하나님의 특별한 역사를 경험할 수 있는 경우가 많지 않았다. 나의 병을 낫게 해주신 것 이외에는….

세월이 지나며 중국은 차차 말씀이 자리 잡혀 가고 있었다. 그리고 경제적인 면에서도 엄청난 성장을 이루었다. 그러나 그에 반해 전과 같은 하나님의 특별한 역사는 점점 줄어들었다. 중국 교회에서도 자신들의 지식과 경제력으로 많은 것을 할 수 있다는 풍조가 생기기 시작했다. 그 결과 하나님에 대한 갈급함이 줄어드는 것이 보였다. 다시 말하자면, 중국 교회들도 신앙적으로 서서히 서구화되면서 말씀을 갈급해하는 열정도 서서히 식고 있다.

선교 초창기에는 일주일에 6일 동안 성경을 공부하던 것이, 생활이 편해지니 5일로 줄어들었다. 그리고 또 4일로 줄어들더니, 이제는 후에는 일주일에 3일만 공부하자는 곳도 생겼다.

불법 자료의 검열

● 2002년 겨울, 꼬방즈라는 지방에서 여러 마을의 사역자들을 위한 집회가 있었다. 나는 집회를 계속하면서도 동북 지방 여러 마을에 필요한 자료를 공급하고 있었다. 특히 CD나 DVD가 많이 있었다. 모두 어떻게 예수님을 믿어야 하는지를 교육하는 기독교 영화와 자료였다. 그 동영상을 보면 성경을 빨리 이해할 수 있었다. 나는 그 자료들을 가는 교회마다 나누어 주었다.

나는 집회를 마치고 다음 지방으로 이동하려고 기차역으로 갔다. 역에 도착하자 공안 다섯 명이 역으로 들어오는 모든 사람의 짐을 일일이 점검하고 있었다. 테러를 예방한다는 명목이었지만, 기독교를 비롯하여 여러 사교 집단의 출판물을 검열하기 위함이었다. 내가 소지하고 있었던 기독교 서적과 자료도 당연히 불법 자료로 처벌을 받을 터였다. 기차역 입구 왼쪽에서는 공안 서너 명이 큰 책상을 놓고 검사하고 있었고, 오른쪽에서는 책상이 작아 한 명만 책상 위에 검사대를 준비해 놓고 있었다.

어느 쪽으로 가든 검열을 피할 수는 없었다. 그런데 왠지 공안이 홀로 있는 쪽으로 가고 싶었다. 그는 내 가방을 다 열고 짐을 풀었다. 그러더니 기독교 자료만 일일이 뒤지며 유심히 보았다. 중국어로 되어 있어 제목만 보아도 그것이 어떤 자료인지 누구나 쉽게 알 수 있었다. 오랫동안 면밀히 조사하는 것을 보니 이번에는 걸려도 단단히 걸린 것 같았다. 그런데 그 공안은 자료들을 한참 뒤지고 읽어 보더니 친절하게도 나의 짐을 깨끗하게 챙겨 주며 나에게 가라고 했다. 무조건 걸릴 줄 알았는데 방면해 주어 너무나 고마웠다. 나와 동행했던 중국인 전도사가 후에 말하길, 전에는 이런 경우 불순한 자료 소지로 체포되었다고 했다. 나는 속으로 주님께 감사하고 그 공안에게도 감사했다.

짐 검사를 마치고 대합실에서 기차를 기다리고 있는데, 아까 그 공안이 나에게 다시 다가왔다. 나는 순간 그 공안의 마음이 바뀌었나 싶었다. 처음에는 나를 방면해 주었지만 그새 마음이 변해 나를 체포하려고 온다고 생각했다. 그러나 그는 친절하게도 자기가 하던 일을 제쳐 놓고 나를 도와주기 시작했다. 그리고 기차 옆까지 나의 짐을 운반해 주며 기차 타는 곳도 안내해 주었다. 기차 도착 시간이 가까웠으니 밖으로 나가 기차 옆으로 가라고 친절히 알려 주기까지 했다.

기독교 자료들을 유포하는 나 같은 사람을 체포하라는 명령을 받고도 그가 왜 그렇게 나에게 잘 대해 주었는지 나는 아직도 알 수 없다. 당시 전반적으로 공포 분위기였기에 그에게 이유를 물어 볼 수도 없었다. 다만 주님께서 우리를 보호해 주신 것은 확실했다.

컴퓨터의 자료들을 숨겨 주신 주님

● 　　2003년 봄, 우리는 북경 근처의 한 아파트 방에 컴퓨터를 설치하고 신학교를 위한 작업을 했다. 공안이 그 장소에 신학교가 있다는 사실을 간파하고, 하루는 아파트의 사무실을 급습했다. 공안은 신학교 컴퓨터의 자료를 확인하고자 신학교 사무원에게 컴퓨터를 켜라고 했다. 그 안에는 신학생들의 인적 자료를 비롯해 교육 내용과 활동 자료가 다 들어 있었다. 그러니 이 신학교의 운명은 이제 끝이 날 판이었다.

　그 직원은 할 수 없이 컴퓨터를 켰다. 꺼져 있던 컴퓨터가 완전히 작동하기까지 시간이 좀 걸렸다. 그런데 컴퓨터가 한동안 작동하다가 갑자기 꺼져 버렸다. 공안은 혹시 사무원이 고의로 그렇게 조작했나 알아보려고 이웃집을 조사했다. 그런데 이웃집들도 모두 정전이었다. 공안은 전기가 다시 들어올 때까지 기다렸으나 정전은 오래 지속되었다. 그는 결국 기다리다 지쳐 신학교를 떠나 버렸다.

　그때는 이미 컴퓨터가 많이 보급된 때여서 공안은 얼마든지 컴퓨터를 통째로 가지고 가서 조사할 수 있었다. 그러면 현장에서 보는 것보다 더 세세하게 조사할 수도 있다. 그러나 그 공안은 컴퓨터를 옮길 차가 없었기 때문에 그것을 직접 들고 가기에는 버겁다고 느꼈는지 우리에 대한 수사를 그냥 포기했다. 그가 돌아가고 나자 전기가 곧 들어왔다. 그래서 우리 신학교는 살아남을 수 있었다.

우리는 그날 즉시 신학교를 다른 장소로 이전해야 했다. 주님은 이처럼 정전을 통해 우리 신학교를 구해 주셨다.

언어의 장벽도 잠시 허물어 주신 주님

● 2004년, 나는 한동안 청도에 머물다가 대련에 있는 제자들의 개척 교회를 돕기로 했다. 말씀 공부도 하고, 새로 믿은 신도들과 교제도 하기로 했다. 그들은 나에게 우리의 모임을 위해 모든 것이 준비되어 있다고 알려 왔다.

그러나 정작 내가 갔을 때 나를 도와줄 통역사가 나타나지 않았다. 나도 중국어로 어느 정도 소통은 할 수 있었지만 성경의 깊은 내용을 전할 수는 없었다. 그래서 통역사를 구하려고 백방으로 노력했으나 구할 수가 없었다. 그렇다고 아무것도 못 하고 시간만 보내다 그냥 돌아올 수는 없었다. 결국 나는 기도하면서 하나님만 의지하고 그들과 직접 부딪치는 수밖에 없다고 판단했다.

우리 모두가 이 모임을 어떻게 진행할지 염려하고 있었다. 그런데 이상하게도 차차 말이 통하기 시작했다. 완전하지는 않았지만 대화가 별로 불편하지 않았다. 나 자신부터 놀랐고, 그들도 놀랐다. 우리는 내 중국어 실력이 갑자기 늘었다고 생각했다. 그 덕분에 우리는 아름다운 교제의 시간을 보냈다.

모임을 다 마치고 나는 산동성 연대라는 곳을 통해 청도로 돌아왔다. 연대로 돌아오면서 나는 다시 한번 놀라고 말았다. 연대에 오자마자 내 중국어 실력이 원래대로 되돌아온 것을 느꼈기 때문이다. 대련과 연대는 그렇게 먼 곳이 아니었는데도 연대에서는 도통 중국어로 소통이 되지 않았다.

나와의 대화가 자연스러웠던 대련 사람들은 나의 중국어 실력이 대단하다고 생각했다. 몇 년 후 나는 그들과 다시 만났는데, 그들은 여전히 내가 그 당시의 중국어 수준인 줄로 알고 나를 대했다. 내가 아무리 중국어 실력이 좋지 않다고 해도 인정하지 않고 어려운 말로 나에게 이야기했다. 전에 중국에서 그런 일이 있었다는 간증을 들어 보기는 했는데, 나도 실제로 그런 일을 짧게 경험했다.

황사를 통해 위기를 넘기다

● 당시 나는 북경에서 집회를 마치고 다음 집회를 위해 우한으로 이동할 예정이었다. 그런데 심한 황사가 오래도록 계속되

어 북경 공항에서는 모든 비행기가 5일간 이륙할 수가 없었다. 황사가 얼마나 더 지속될는지는 아무도 알 수 없었다.

나는 다음 날 우한에서 집회 일정이 있었기 때문에 더는 지체할 수 없어 여행 계획을 바꿔야 했다. 비행기를 포기하고 기차로 이동하기로 했다. 당시는 지금같이 휴대전화로 통신하던 때가 아니었고, 여행 중에는 공중전화에 동전을 넣으며 통화해야 했다. 그래서 한 번 약속한 것은 그대로 지켜야 했다. 통화하기도, 메시지 남기기도 수월하지 않았기 때문이다. 내가 도착하는 시간에 맞춰 그들이 마중 나오기로 약속되어 있었다. 집회 장소는 중국에서 유명한 우한의 중남신학교였다.

그런데 마침 그때 신학교에서 큰 사고가 생겼다. 어떤 한국 교회에서 단체로 중국 여행을 떠났다. 그들은 수십만 장이나 되는 전도지를 큰 여행 가방에 넣어 왔다. 여러 곳에서 나누어 주기 위함이었다. 그런데 그들이 전도지를 신학교에 배포하려다 중국 당국에 적발되고 말았다. 북경의 종교국 본부에서 그 사건을 매우 심각하게 보고, 그와 연관된 사람들을 모두 체포하여 심도 있는 조사를 하고 있었다. 그 신학교에 출입하는 사람은 모두 조사를 받고 있었다.

나 역시 신학교에 들어가는 즉시 체포되고 몇 주간 조사를 받아야 했다. 나도 그 학교와 연관되어 있었기에 나의 선교 행적이 문제가 되는 건 너무나 당연한 일이었다. 그런데 나는 그런 사고가 있었던 것을 모르고 있었다.

비행기가 뜰 수 없어도 약속은 지켜야 하기 때문에 나는 기차를 타고 신학교로 향했다. 연락을 기다리던 사람에게는 기차역으로 마중 나오라고 했더니, 신학교가 기차역에서 아주 가까워 굳이 마중나 갈 필요가 없다며 나에게 홀로 오라고 했다. 기차역은 마침 신학교의 바로 뒷문으로 통하고 있었다. 누가 뒷문을 알려 줘서 나는 아무 제지 없이 신학교로 들어갔다. 그 문은 잘 알려지지 않은 골목길에 있어서 나는 체포되지 않고 모든 일을 무사히 잘 마치고 돌아올 수 있었다. 만일 내가 비행기를 타고 가 정문으로 들어갔다면 분명 체포되었을 것이다. 하나님께서 황사를 통해 나의 체포를 막아 주셨다.

어머니의 믿음을 보시고 아들의 정신병을 고쳐 주시다

● 2005년 겨울, 장수성 쉬저우시에서 여러 교회가 합동으로 성경 집회를 열었다. 이때 교회 지도자들과 앞으로 지도자가 되기 원하는 사람들 약 70명이 모였다. 대부분 말씀에 갈급해 있었다. 그 한 주는 나의 인도로 복음서를 공부하기로 했다. 시간이 지나며 그들은 차차 말씀에 몰두하게 되었다. 그런데 한 자매가 두드러지게 은혜에 갈급한 그 모습을 보였다. 특히 나에게 도움을 간곡히 구하는 것 같았다. 그 모습은 시간이 지나며 점점 더 처절해졌다. 그냥 구하는 것이 아니라 목숨을 건 간구 같았다.

다음 날 아침에도 그 자매가 보였다. 그날 자매는 아침부터 계속 울고 있었다. 휴식 시간에 내가 그 옆을 지나가자 나를 붙잡고 계속 울었다. 그래서 그의 사연을 들어보았다. 그는 자신의 아들이 정신병에 걸렸는데, 이번 집회에 오면 정신병이 반드시 나을 것이라는 믿음이 생겨서 왔다고 했다. 정신병에 걸린 아들 때문에 참석하기가 무척 힘들었지만 모든 것을 희생하고 왔다고 했다. 그 자매는 "이번 집회가 아니면 나에게 더는 아무 소망이 없습니다"라는 태도로 집회를 찾았던 것이다.

그날은 마가복음 7장 24-30절의 한 가나안 여인이 자기의 귀신 들린 딸을 고쳐 주기를 바라며 예수님께 나아오는 이야기를 소개했다. 그때 예수님은 그 여인을 시험하셨다. "자녀의 떡을 취하여 개들에게 던짐이 마땅치 아니하니라." 이것은 잘못 들으면 크게 오해를 받을 수 있는 말이었다. 그러나 예수님은 그 여인에게 목적이 있어서 그렇게 말씀하신 것이었다. 즉, 예수님은 하나님 앞에 겸손한 태도로 나아오기보다 자기의 필요만 채우려는 그녀의 태도를 고치기 원하셨다. 예수님의 말에 여인이 대답했다. "주여, 옳소이다마는 상 아래 개들도 아이들이 먹던 부스러기를 먹나이다." 여인은 예수님 앞에 철저히 겸손한 모습으로 나아갔다. 그러자 예수님께서 그녀의 딸에게서 귀신이 나갔다고 선언하셨다.

장수성 여인은 마치 가나안 여인의 모습을 그대로 보는 것 같았다. 그 여인은 철저하게 처절했고, 철저하게 겸손했다. 그런데 그 여인이 첫날 집회를 마치고 집에 가 보니 아들의 정신병이 거의 돌아왔다는 것이다. 그 여인이 그런 태도로 주님께 나아갔기 때문에 주님의 은혜를 입었다고 생각한다. 그래서 그 자매는 아들의 정신병이 나은 것이 감사해 아침 시간부터 찾아와 계속 울고 있었던 것이다.

　나는 신유 집회를 기대하며 그곳에 가지 않았다. 더구나 나에게는 그런 특별한 은사도 없었다. 그러나 그 자매에게는 주님이 은혜를 주실 것이라는 믿음과 간절함이 있었다. 그 치유는 내 능력을 통한 치유가 전혀 아니었다. 그 자매의 믿음 때문이었다. 그리고 하나님의 치유였다.

　은혜에는 전염성이 있는지, 그 주간에 집회가 진행되는 동안 몇 명에게서 육신의 병이 떠나가는 일이 있었다. 물론 그들의 치유를 위해 우리가 특별히 기도한 적도 없었고, 기대하지도 않았다. 그냥 성경 공부만 진행했을 뿐이다. 그런데 그들이 말씀을 깨닫는 가운데 그들의 생각이 바뀌며 병이 떠나간 것이다. 그들이 죄악 된 마음을 버리면서 육신의 치유가 일어났다.

　말씀 집회 가운데 이런 일이 가끔 일어났다. 모두 말씀을 통해 회개하는 마음으로 주님께 나아갔을 때 주님이 직접 치유해 주신 것이다.

　나는 그전에는 신유 현장을 별로 목격하지 못했다. 그런데 장수성 사건을 통해 하나님께서 나에게 큰 확신과 위안을 주셨다. 주님께서 그 자매와 같이 간절한 마음으로 구하는 것을 원하시고, 또 그런 기도를 들어주신다는 것을 선교 현장에서 크게 깨달았다. 당시에는 중국에서 그런 간절함이 많이 보였는데, 세월이 지나며 이제는 그런 간절함이 사라지고 있다. 전에는 살기 힘들었고, 병원의 혜택도 받기 어려웠고, 무엇보다 항상 믿는 자들을 향한 핍박이 있었다. 그래서 하나님 이외에는 소망을 둘 곳이 없었기에 절대자 하나님만을 의지했다.

그런데 경제적으로 삶이 윤택해지자 사람들의 생각도 바뀌기 시작했다. 경제가 급속히 발전하며 하나님 이외에도 의지할 다른 것들이 생겨났다. 전에 할 수 없던 것들을 돈으로 해결할 수 있다는 의식도 생겨나기 시작했다. 그것이 그들의 간절했던 믿음을 조금씩 좀먹어 온 것 같다. 그러나 말씀 안에 뿌리 내린 믿음의 사람은 경제 발전에도 전혀 개의치 않고 신앙을 굳게 지켰다.

중보기도 중 학생의 병을 고쳐 주시다

● 2008년 봄, 우리가 성경 집회를 하는 도중에 한 학생으로부터 급한 전화가 왔다. 자기에게 건강의 문제가 생겼다는 것이다. 그 란이라는 학생은 학교에서 공부하다 갑자기 온몸이 붓는 증상이 나타났다. 선생님이 놀라서 그를 학교 의사에게 보냈다. 의사는 그것이 학생들 간에 돌고 있는 전염병이라고 했고, 이에 선생님은 그가 앞으로 한동안 학교에 올 수 없다고 부모에게 통보했다. 그리고 그런 증상이 있는 학생은 모두 학교에서 격리시켰다.

그런데 그 학생이 학교를 떠나 제일 먼저 찾은 대상이 부모가 아니라 하나님이었다. 그 학생은 치료받을 생각은 안 하고, 집회하고 있던 우리에게 먼저 전화하여 중보기도부터 요청했다. 마침 우리는 그 지역에서 함께 성경 집회를 하던 중이었기 때문에 집회를 중단하고 잠시 함께 중보기도를 했다. 그러고 나서 성경 공부를 계속했다.

란은 학교를 떠나 우리의 집회 장소로 찾아왔다. 학교에서 집회 장소까지 오는 데는 약 1시간이 소요된다. 우리는 집회 장소로 찾아온 란의 몸이 온통 부어 있을 줄 알았으나 뜻밖에도 완전히 정상이었다. 그래서 우리는 그 자초지종을 물었다. 그가 기도 요청을 하고 조금 지나자 마치 풍선에서 바람이 빠지듯 몸에서 부기가 빠지기 시작했다고 한다. 란은 그 모습을 우리에게 보여 주려고 우리 집회 장소를 찾아온 것이었다. 란이 병원에 가서 다시 진단을 받았더니 그의 건강에는 아무 이상이 없었다. 그래서 다시 학교로 돌아갈 수 있었다. 그리고 우리는 그로 인해 하나님께 영광을 돌렸다.

그들의 신앙은 우리와 같은 세련됨은 없었다. 그저 단순하게 주님만을 의지했을 뿐이다. 그랬더니 하나님께서 단순하게 그 기도에 응답해 주셨다.

하루만 늦었으면 체포되었을 뻔하다

● 2009년 북경에는 직장인이 많았다. 그래서 우리는 직장인을 대상으로 가정집에서 성경 공부를 하고 있었다. 그들은 직장에 출·퇴근을 해야 했기에 저녁에 시작하여 밤늦게까지 공부했다. 그 주의 주말에는 다음 일정을 따라 토요일에 다른 장소에서 모이

기로 했다.

그런데 그 직장인 중 장 형제가 그 일정을 금요일로 착각하고 있었다. 사람들 모두 여행 일정을 토요일로 알고 있었는데 그 형제 혼자만 금요일이라고 고집했다. 그가 너무 강하게 고집하기에, 그러면 그렇게 하자고 모두 동의하고 금요일 저녁에 출발했다.

그런데 우리가 그곳을 떠난 후 우리가 모였던 북경의 집에서 전화가 왔다. 우리가 떠난 금요일 저녁 공안이 우리의 모임을 알고 우리를 체포하려고 포위했다는 것이다. 만일 그 형제가 일정을 착각하지 않아 일정대로 진행했더라면 우리는 모두 체포되었을 것이다. 주님은 우리의 착각을 통해서도 우리를 보호해 주셨다.

여권 도난 사건

● 2013년 여름, 내몽고에서 말씀 집회가 있었다. 몇 교회의 지도자들이 모여 집회를 하였고, 집회 도중 불신자들이 믿게 되는 일도 있었다.

나는 은혜 가운데 집회를 마치고 돌아가려 했다. 그런데 그때 마침 비가 오는 바람에 나를 위해 준비해 둔 택시가 시궁창에 빠져 움직일 수가 없었다. 그곳은 택시가 자주 다니는 곳이 아니어서 우리는 할 수 없이 시외버스를 탔다. 버스는 만원이라 앉을 자리도 없었다. 나는 붐비는 버스 안에 서서 이리저리 밀려다녔다. 치치하얼 기차역까지 가기 위해 우리는 세 번이나 다른 버스로 바꾸어 타야 했다.

　기차역에 도착한 후, 기차를 타러 들어가려면 공안의 신분증 검사를 통과해야 하므로 여권을 찾기 시작했다. 그런데 아무리 찾아도 여권이 보이지 않았다. 분명히 깊숙이 간직해 두었는데 아무리 찾아봐도 없었다. 여권을 분실했는데도 전혀 모르고 있었던 것이다. 옆 마을에서 도난당한 것도 아니고, 반나절 동안 여러 버스 안에서 생긴 일이었다. 버스를 세 번이나 갈아탔기 때문에 어떤 버스에서 여권을 분실했는지도 알 수 없었다. 장거리 여행 중 도난을 당했으니 여권을 찾는 것은 불가능했다.

　나는 어쩔 수 없이 여권을 다시 만들어야 했다. 다음 집회 일정을 일주일 연기하고 여권을 만들려고 동분서주했다. 여권을 다시 만들려면 우선 중국 공안에서 여권 분실 증명서를 작성하고, 그다음 멀리 심양에 있는 미국 영사관에 가서 이후 수속을 진행해야 했다.

　그런데 첫 번째 과정에서부터 난관에 부딪혔다. 분실 증명을 위해서는 내가 호텔이나 여관에 묵었다는 증명이 필요하다. 중국에서는 외국인이 개인 집에 묵는 것은 불법이다. 반드시 정부가 인정하는 숙박업소에서 숙박해야 한다. 더구나 숙박업소에 드나든 영상이 없으면 숙박 기록을 인정해 주지 않는다. 당시 정부에서는 숙박업소의 출입 영상을 철저히 통제했다. 숙박업소 주인도 그 영상을 절대로 건드릴 수 없었다. 그런데 나는 계속 민박을 했기 때문에 숙박 기록이 없었다.

　나는 만나는 공안마다 계속 사정해 보았으나, 아무리 사정해도 그들은 절대 나를 도와줄 수 없다고 했다. 그래서 나는 새로운 여권

발급 수속을 시작도 할 수 없었다. 미국 대사관에 전화해도 여권 분실 증명서가 없으면 새 여권 발급 수속이 안 된다고 했다. 나는 오도 가도 못하는 신세가 되었다. 여권 전문가가 있었으면 모를까, 시골 한구석에서 나를 도와줄 사람은 아무도 없었다.

나의 중국 제자들은 내가 어려움을 당할 때마다 함께하셨던 주님을 향한 믿음을 버리지 않고 있었다. 이 도난 사건이 오히려 우리에게 선을 이룰 것이라며 많은 형제자매가 나를 위로하고 기도하기 시작했다. 그리고 그 기도의 응답이 있을 것이라고 믿고 있었다.

농촌에 사는 사람들은 일찍 자고 일찍 일어나는 습관이 있다. 그래서 어떤 제자들은 새벽 2시, 혹은 3시부터 교회에 모여 새벽기도회를 하기 전부터 열심히 기도했다. 그러나 정작 나 자신은 여권을 찾을 수 있다는 믿음이 별로 없었다. 일이 이렇게 되니 제자들의 말도 그냥 나를 위로해 주는 말이라고 생각했다. 나는 여권을 찾을 수 있다는 믿음이 생기지 않아 재발행 수속만 계속 알아보고 있었다. 그러나 그 과정도 전혀 진척이 없었다.

나는 반나절 정도 걸리는 다른 성에서 오는 길에 여권을 분실했다. 미국으로 말하면 다른 주에 해당하는 먼 곳이다. 그런데 어떻게 그 먼 거리를 뒤져 여권을 찾을 수 있겠는가? 내 여권을 다시 찾는다는 것은 말도 안 되는 이야기였다. 그러나 이상하게도 내 마음은 평안했다.

그런데 그로부터 5일이 지난 후 기적이 일어났다. 누가 나를 찾아와 내 여권을 보여 주며 당신 것이냐고 물었다. 내 여권은 그렇게 기적적으로 돌아왔다. 여권을 찾고 나서 나는 얼마나 놀랐는지 모른다. 우리는 기도를 들어주신 주님께 깊은 감사와 찬양을 드렸다. 그리고 5일간 기도로 수고한 형제자매에게도 감사했다.

여권은 몇 사람을 거쳐 나에게 돌아왔다. 어떻게 찾을 수 있었는지 알아봤으나 그것을 아는 사람은 아무도 없었다. 여권을 가져온 사람에게 물어 봐도 알 수 없었다. 그러나 내 여권은 확실히 나에게 돌아왔다.

공안의 눈을 가려 주신 주님

● 여권 때문에 집회를 일주일 연기했는데, 여권을 5일 만에 찾았으니 집회 때까지 이틀의 여유가 생겼다. 그래서 우리는 예정에 없던 이틀간의 집회를 갑자기 마련했다.

아침 9시에 집회 첫 시간을 마치고 10시까지 휴식 시간이 되었다. 그리고 쉬는 시간에 우리 일행 4명은 다른 방에 가 있었다. 그때 갑자기 공안 4명이 우리 방으로 들이닥쳤다. 내가 여기 왔다는 것을 알고 있었기 때문이다. 수상한 외국 사람이 마을에 들어오면 마을 사람들은 바로 공안에게 고발을 한다. 정부에서 그렇게 훈련시켰기 때문이다. 공안들이 우리 방에 있던 사람들 모두를 심문하기 시작했다. 사실 그들이 찾고자 하는 사람은 외국인인 나였다.

중국에서 외국인이 교회에서 가르치는 것은 심각한 범죄 행위이다. 시골에서 농사짓는 본토인과 나 같은 외국인은 외모에서부터 벌써 차이가 났다. 그래서 공안이 당연히 나를 체포할 것이라고 생각했다. 그때 나는 일주일 연기된 집회로 비행기 일정을 바꾸려고 항공사에 전화하고 있었다. 그러나 공안 4명은 모두 나를 눈여겨보지 않았다. 심문하는 시끄러운 소리가 전화 통화에 방해되어 나는 다른 장소로 옮겨 갔다. 그런데도 그들은 나를 제지하지 않았다. 나와 눈이 마주친 공안이 하나도 없었던 것을 보면, 그들이 나를 전혀 인식하지 못했던 것 같다. 공안은 심문을 다 마치고 그냥 돌아가 버렸다. 누군가 나를 고발했지만 공안들은 이 마을에는 외국인이 없다고 결론을 내리고 돌아갔다.

회개하는 자매를 치유해 주시다

● 1999년 말, 북경에 있는 한 교회에서 모든 교인을 위한 말씀 집회가 있었다. 그 교회에는 아이라는 한 자매가 있었다. '아이'는 '이모'라는 뜻으로, 친분이 있는 여인을 가리키는 호칭이다. 그 자매는 탁구를 특별히 좋아했다. 중국은 탁구에 강하기 때문에 북경에서 탁구를 잘한다고 하면 보통 실력이 아니다. 아이 자매의 탁구 실력은 주위에서 감히 견줄 자가 없었다. 그들은 성경 집회 중 점심시간에도 탁구를 즐겼다.

토요일 집회 때 그 자매가 통증을 호소하며 한쪽 무릎이 퉁퉁 부은 채로 나에게 왔다. 아무 충격도 없었는데 탁구를 하다 갑자기 그렇게 되었다고 했다. 그 자매는 30대였으니 나이 탓은 아닌 것 같았다. 아이 자매는 우리에게 기도를 부탁하려고 찾아온 것이었다. 우리는 모두 합심해서 기도했다. 그러나 그 증상에는 전혀 차도가 없었다.

다음 날 주일, 내가 예배 설교를 담당하게 되어 있었다. 내 설교는 이미 준비되어 있었다. 그런데 나에게 마음의 감동이 있어서 그날 설교를 '교만'이라는 주제로 바꾸었다. 주님의 감동이 있으면 즉시 메시지를 바꿔야 한다는 것을 나는 과거의 교훈을 통해 잘 알고 있었다. 그때 중국 교회 성도들에게는 교만한 모습이 많이 보였다. 그들은 교육 수준이 높았고 신분도 높은 사람이 많았다. 사회적으로 지위가 높은 공산당원도 있었다. 그들은 똑똑하고 운동도 잘해 목이 매우 곧았다.

설교 도중 갑자기 아이 자매의 몸에 변화가 생겼다. 자매는 "내 무릎이 나았다"라고 옆 사람에게 중얼거렸다. 그리고 예배가 끝난 후 아이 자매는 성도들 앞에 나와 회개의 간증을 했다. 그는 설교 말씀을 듣다가 항상 자신을 자랑하고 남을 무시하던 자기의 교만을 깨닫고 뉘우치게 되었다고 했다. 특히 탁구 실력에 관한 자기의 교만함을 깨달았다고 고백했다. 그렇게 그가 뉘우칠 때 통증이 사라지며 즉시 무릎이 호전되는 것을 느꼈다고 했다.

우리가 품고 있는 죄 때문에 육체에 이상이 생기고, 또 그 죄를 뉘우쳤을 때 병이 회복되는 것을 그들이 목격했다. 그것은 이론이 아니라 실제로 병이 회복되는 것을 목격한 귀중한 경험이었다. 당시는 아직 교회 초창기였고, 그들 역시 믿음이 연약한 상태였기에 주님이 그들에게 특별한 교훈을 주신 것 같았다.

2014년 봄, 어느 토요일 아침 식사 중 쪼 자매가 헐레벌떡 숨 가쁘게 찾아왔다. 자매는 몹시 흥분해 있었고, 팔다리를 번쩍번쩍 들어 올리며 급히 뭐라고 이야기했다. 그가 흥분해서 하는 말을 나는 알아들을 수가 없었다. 알고 보니, 금요일 저녁까지 성경 공부를 하고 집에 갔는데 그동안 올라가지 않던 팔다리가 올라간다고 기뻐서 찾아온 것이었다. 그리고 감사의 헌금도 가지고 왔다. 그날은 팔다리에 힘이 생겨 무거운 돼지 여물통도 들어 올렸다고 했다.

쪼 자매 역시 성경 공부 중 자기의 죄를 깨닫고 돌이켰을 때 약했던 팔다리에 힘이 다시 돌아왔다. 이것도 말씀을 깨닫고 뉘우쳤을 때 일어난 일이었다.

이 외에도 죄를 뉘우치면서 육신이 회복되는 이런 일이 성경 공부 중에 가끔 일어났다. 마태복음 9장 2절에서 예수님께서도 한 중풍병자에게 "작은 자야 안심하라 네 죄 사함을 받았느니라"라고 하셨다. 즉 죄 사함을 받았기에 중풍병자가 고침을 받았다는 이야기이다. 선교지에서는 죄 때문에 육신의 병이 생기고, 또 죄에서 뉘우쳤을 때 병에서 회복되는 일이 종종 있었다.

나는 많은 집회를 통해 많은 불신자가 믿고 주님께 돌아왔으면 하는 욕심을 가졌던 때가 있었다. 많은 병자가 벌떡 일어나 예수를 믿고 구원을 얻으면 얼마나 좋겠는가! 그래서 나는 속으로 기도했다. "나에게도 기도할 때마다 병자들이 계속 일어나는 은사를 주시면 좋겠습니다. 그러면 구원 사역에 큰 도움이 될 것 같습니다."

그러나 이 모든 것은 결국 주님이 원하시는 대로 하신다. 나를 향한 주님의 뜻은, 이미 믿은 신자들이 말씀을 깨닫고 마음의 고침을 받는 것이었다. 그리고 주의 일꾼들을 키우는 일이었다. 이제 세월이 많이 지나 지나간 사역을 생각해 볼 때, 만일 병자들이 병 고침을 받으려고 나에게 몰려왔다면, 아마 나는 병자들을 섬기느라 말씀 사역을 할 수 없었을 것이다.

신천지 이단에서 제자들을 구해 주신 주님

● 오래전 선교 초창기에 몇몇 훌륭한 선교사님이 온몸을 불살라 가며 동북 지방에 교회를 개척했던 때가 있었다. 그러면서 대부분이 불신자였던 중국인들에게 믿음의 기초를 다져 놓았다. 중국의 동북 지방은 매우 광활하기 때문에, 그들은 여러 개의 교구로 나누어 교회를 섬겼다. 환경은 열악했고 할 일은 너무 많았다. 그들은 그 많은 성경을 직접 어깨에 둘러메고 먼 길을 운반하기도 했다. 그들이 이루어 놓은 열매는 대부분 그들을 구원받게 하는 일이었다.

시간이 지나 한국의 한 교단에서 그 사역을 인수했다. 여러 교회가 협력하여 그 선교지를 지원했다. 지역이 넓으니 편의상 교구를 다섯으로 나누어 각각 지도자를 세웠다. 한국의 교단은 이처럼 주로 교회의 건축과 행정을 지원하여 교회의 틀을 잘 세워 놓았다. 그러나 그것만으로는 선교지의 교회들이 영적으로 자립할 수 없었다. 행정적인 틀은 잘 세워 놓았지만 영적 양식이 부족하니 중국 교회에는 항상 불만이 있었다. 그때 기적적으로 내가 그 다섯 교구와 연결되었다. 그래서 교단에서는 주로 교회 행정을 지원했고, 나는 성경을 가르치는 일에 전념했다. 그렇게 선교지 교회에서 필요한 것들을 우리는 충족시킬 수 있었다.

사실 행정을 맡은 교회들은 자신들이 가르치는 일까지도 다 감당하고자 내가 그 사역에서 완전히 제외되기를 원했다. 그러나 그들은 이미 말씀 가르치는 일을 잘 감당하지 못하고 있었다. 더구나 선교지의 현지 사람들이 나에게 말씀 배우기를 강력히 요구했다. 그래서 할 수 없이 교단에서는 나를 그들의 선생으로 인정했고, 나는 그들과 관계를 맺었다. 거기서 나는 오랫동안 그 지역의 사역자들과 신학생들을 섬겨왔다.

그런데 그중 한 교구에서 문제가 생겼다. 한국 교회의 어떤 목사님이 갑자기 오셔서 꼭 나의 지도를 받을 필요가 있냐고 충동질했다. 그리고 자신이 더 많은 사역비로 지원해 줄 테니 그 교구에서 사역하도록 해달라고 설득했다. 그렇게 그는 남이 이루어 놓은 교회에 들어와 금전의 힘으로 그 사역지를 자기의 선교지로 점령해 버렸다.

그것은 한국에서 팽배하던 기독교 자본주의 방식이었다. 소수의 한 사람이 그렇게 선교지를 바꾸어 놓았다. 이런 식의 선교는 선교를 '쉽고 빠르게 성공시키는' 방법이지만 교회에는 엄청난 피해를 입

한다. 그는 많은 선교비로 선교의 개가를 울렸다. 그러나 주님이 하시는 일과는 전혀 무관했다.

그 교구가 그렇게 하기로 결정했기 때문에 나는 정들었던 그 교구를 떠나기로 했다. 나는 그들과 다툴 생각이 없었다. 내가 반대하며 분란을 일으키는 것보다 교회를 하나 더 세우는 것이 더 좋을 것이라 생각했다. 그저 그가 빼앗은 그 교구가 말씀 안에서 잘 자라고 건강한 교회가 되기만을 바랐다.

그곳을 떠나고 나서 나는 약 2년간 그들과 접촉하지 않았다. 아니, 접촉할 필요가 없었다. 그런데 그동안 그 선교사가 그 교구를 영적으로 잘 지도하고 있지 못하다는 소문이 들렸다. 그는 사실 선교지를 영적으로 먹일 실력이 못 되었다. 결국 그는 선교지를 떠나 버렸고, 그 교구는 고아처럼 홀로 남게 되었다.

나는 그 교구가 선교사 없이 자기들끼리 자립했으면 더 좋았을 것이라 생각했다. 사실 그 교구는 독립할 수 있는 역량이 있었다. 그러나 교회 설립 때부터 오랫동안 선교사를 의지하는 습관이 있었기 때문에, 그들은 그들이 의지할 또 다른 인도자를 찾아 나섰다. 그러다 그들이 만난 후원자가 바로 양의 탈을 쓴 이단 신천지였다.

이단들은 항상 광명의 천사로 나타나기 때문에, 처음에는 그 역시 그곳 성도들에게 너무나도 잘해 주었다. 이단들이 하는 일에는 사탄도 영적으로 같이 역사했다. 그래서 신앙으로 굳게 서 있던 그들도 이단에 넘어가기 시작했다. 그 교구 지도자가 모두 모이면 65명 정도가 되었기 때문에, 나는 교회의 수를 25~30개 정도로 추산하고 있었다. 그런데 그 교회의 절반 정도는 이미 신천지에 포섭이 되었고, 나머지 절반도 그들에게 포섭되는 것은 시간문제였다.

그 동북 지방은 조선족이 많이 흩어져 살았다. 중국 교회는 거의가 중국인이었으나 조선족 성도도 간혹 섞여 있었다. 나는 그곳을 떠난 후로는 거의 그 교구의 중국 교회를 잊고 살았다. 그리고 그 교구에 속했던 내가 사랑하는 조선족 J 목사님도 잊고 있었다.

그런데 내가 다음 집회를 위해 성경 공부를 준비하던 어느 날, 갑자기 그 교구의 J 목사님이 생각났다. 아니, 주님이 나에게 그가 생각나게 하셨다. 나는 어쩌다 그런 생각이 들 수도 있다고 생각했다. 그리고 금세 잊어버렸다. 그런데 그에 대한 생각이 자꾸 되살아났고, 반복되었다. 무엇인가 심상치 않다는 생각이 들었다. 그래서 나는 오랫동안 연락이 끊겼던 그에게 국제전화로 연락했다.

"혹시 지금 무슨 일이 있나요?"

그러자 J 목사님이 나에게 즉시 대답했다.

"지금 큰일 났으니 당장 중국으로 오셔야 합니다."

그 말을 듣고는 놀라서 말했다.

"아니, 그렇게 급한 일이라면 진작 내게 알렸어야죠!"

"빨리 오세요. 그러지 않아도 급히 연락할 참이었어요!"

주님은 그들의 급박한 상황을 사람을 통해서가 아니라 나에게 직접 알려 주셨다.

나는 항공사에 급히 비행기표를 신청했다. 나의 경험상 최소한 2주는 기다려야 비행기를 탈 수 있었다. 그런데 그날은 기적적으로 그다음 날 당장 출발하는 항공권을 구할 수 있었다.

2014년에 급히 그 교구를 방문해 보니, 아니나 다를까, 그곳은 이미 전쟁터가 되어 있었다. 신천지 주동자가 회의에 와서 자신만만한 태도로 사람들을 압도하고 있었다. 그는 이미 그 교구를 접수할 준비가 철저히 되어 있었다. 이교도들의 사회에는 원래 비리가 많다. 이교도가 아니어도 동양 사회, 특히 중국도 그렇다. 교회가 그래서는 안 되지만 안타깝게도 그러한 사회의 영향을 받고 있었다. 신천지는 그때 그 비리를 물고 늘어졌다.

대부분 아는 이야기지만, 신천지가 번성하는 이유는 그들이 악랄한 수법으로 기성 교회에 침투하여 그 교회 건물과 교인들과 재정까지 다 탈취하기 때문이다. 신천지는 그동안 그 교구의 노회와 노회장의 실수와 비리를 다 포착하여 그 증거들을 잘 정리해 두었다. 중요한 대화는 몰래 녹음까지 해놓았다. 그래서 그 교구는 고양이 앞의 쥐같이 꼼짝도 못 하고 신천지에 묶여 있었다. 그리고 이미 신천지에 넘어간 지도자들까지 합세하여 노회장과 교회를 공격하고 있었다.

노회장인 중국인 H 목사는 더는 견디기가 힘들어 그 직책에서 사퇴하겠다고 했다. 그러나 나는 그가 사퇴하지 못하게 했다. 그것은 우리의 패배를 의미하기 때문이었다. 그가 사퇴하면 그 교회를 지킬 수 있는 마지막 보루가 사라지는 것이었다.

대세는 이미 신천지 쪽으로 넘어간 듯했다. 나는 절대로 이단에게 그 교구를 넘겨줄 수 없다는 마음으로 그곳에 가긴 했으나, 사실 어떻게 대처해야 할지 방법이 전혀 없었다. 나는 신천지에 대하여 잘 몰랐다. 그들과 싸우며 논쟁할 만한 중국어 실력도 없었다. 나는 그들이 격렬하게 벌이는 논쟁의 내용조차 잘 이해할 수 없었다. 즉,

나에게는 그들에게 대적할 아무 능력이 없었다는 말이다. 주님이 우리를 통해 그의 일을 시작하셨다는 것 외에 나에게는 다른 아무 희망이 보이지 않았다. 주님이 나를 기적적인 방법으로 이곳에 보내셨지만 나는 그냥 무기력한 존재일 뿐이었다.

저녁 식사 후 시작된 논쟁은 밤 12시까지도 지속됐다. 그래서 나는 이만 논쟁을 중단하고 다음 날 아침 8시에 모두 다시 모이자고 제안했다. 내가 이전에 오랫동안 그들을 말씀으로 지도했기 때문에 그들은 싸움을 멈추고 나의 의견을 따라 주었다. 그 주일날 밤, 우리는 아무 결론 없이 숙소로 갔다.

나는 노회장의 숙소에 같이 묵었는데, 그곳에는 4명이 같이 있었다. 교구 하나가 이단에 강탈당하기 직전에 있었기 때문에 우리는 모두 잠을 이룰 수가 없었다. 숙소에서 우리가 할 수 있는 것은 주님께 맡기고 기도하는 것뿐이었다. 나는 지구 반대편에서 오느라 밤낮이 바뀌었기 때문에 너무 피곤해서 기도하다 잠이 들었다. 그러다 잠에서 깨어나 보니 일행 모두가 기도하고 있었다. 나는 밤새 자다 깨다 했는데, 그들은 온밤을 지새우며 철야기도를 한 것이다.

새벽에 일어나 기도하던 중, 나는 신천지 주동자에게 내가 떠나라고 요구하면 그가 떠날 것이라는 믿음이 생겼다. 사실 큰 교구를 빼앗기 위해 최소한 1년을 준비했는데 내가 거기서 나가라고 한다고 해서 나갈 신천지가 절대 아니었다. 내가 그런 말을 하면 오히려 코웃음을 칠 것이 뻔했다. 그러나 주님이 주신 마음이니 나는 기도하며 그들에게 명령하기로 결심했다.

아침 8시, 나는 사람들을 모두 모아 놓고 교회가 무엇인지 설명했다.

"교회는 예수님이 자신의 피로 사신 그가 가장 사랑하는 신부이다. 만일 당신이 가장 아끼고 사랑하는 신부가 공격을 받고 누군가 그를 탈취해 가려고 한다면, 당신은 그저 방관만 하겠는가? 예수님의 신부가 비록 부족한 점이 있더라도 공격을 당하고 빼앗길 처지에 놓여 있는데 신랑이 방관만 하고 있겠는가? 당신들이 예수님과 싸워서 이길 능력이 있으면 싸워 보라. 그러니 그런 무모한 짓은 포기하라."

그리고 그 이단의 주동자 목사를 모든 사람 앞에 세우고는 이렇게 말했다. "나는 지금 주님의 이름으로 명한다. 당장 이곳에서 떠나라."

그러자 그동안 그렇게도 기세가 등등하던 그가 아주 온순하게 "선생님이 원하시면 떠나겠습니다"라고 하더니 정말 조용히 떠났다. 놀라운 반전이었다. 물론 주님께서 하신 일이었다. 나는 과거 신천지 이단에 대한 소식을 들어 본 적은 있으나 그들과 직면한 적은 없었다. 나는 어제 있었던 그 치열한 싸움이 그날 아침에도 다시 계속될까 봐 불안한 마음이 있었다. 그러나 우리가 밤새워 기도한 후 담대한 마음이 생겼다. 그리고 주님만 이 일을 해결해 주실 수 있다는 믿음도 생겼다. 그리고 정말 그분이 그 일을 해결해 주셨다.

마침 그날 아침부터 우리는 요한계시록을 공부하기 시작했다. 내가 일부러 그렇게 계획한 것이 아니라, 내가 전에 그들에게 요한계시록을 가르치지 못했기 때문에 계획도 없이 그렇게 되었다. 그런데 알고 보니 신천지 이단 교리의 근간도 요한계시록이었다. 대부분의 이단이 그렇듯, 신천지 교리도 혼동하기 쉬운 요한계시록에서 시작했다. 요한계시록 공부가 계속되면서 그들은 왜 신천지 교리가 왜곡됐는지 깨달았다. 필요할 때마다 주님께서 말씀을 주시는데, 후에 깨닫고 보니 그것이 신천지의 잘못을 알게 해주시는 말씀이었다.

공부가 계속되면서 신천지에 동조하던 목회자들과 신학생들이 자기가 잘못했다고 고백하고 돌아오기 시작했다. 금요일 저녁 공부를 마칠 때까지 그들 중 거의 모두가 신천지로부터 돌아왔다. 가르치는 나 자신도 그 공부를 통해 많은 것을 깨닫게 되는 축복의 시간이었다.

며칠 전 내가 그때의 신천지 주동자에게 연락했더니, 자기도 그들이 틀린 것을 깨달았고 신천지로부터 사람들을 돌이키는 일을 하겠다고 고백했다. 그러면서 이제는 오히려 자기가 신천지의 고위층으로부터 많은 공격을 받고 있다고 했다. 그렇게 주님께서 우리를 지금까지 은혜로 잘 지켜 주셨다.

이번에 주님이 그들을 지켜 주시지 않았더라면 자녀들을 포함해 약 1,000명의 신도를 잃을 뻔했다. 그만큼 큰 사건이었다. 많은 사람이 놀랐고, 지금도 그 지방의 정황을 아시는 분들은 소문으로 그 사건을 다 알고 있다. 그뿐 아니라 그 사건은 주위 여러 지역과 교회에 경각심을 일으켰다. 그 후 주님은 오히려 중국 사역을 더 축복해 주셨다. 아울러 그 교구와 우리의 연대가 더욱 견실해졌고, 그들은 아직도 든든히 나를 지지해 주고 있다.

그러나 신천지에 영향을 받았던 몇몇 사람이 다시 우리 교구를 설득하며 분란을 일으켰다. 사탄의 무리는 아주 끈질겨서 우리를 쉽게 놓아 주지 않았다. 그래서 우리는 계속 기도해야만 했다.

합심 기도를 통해 암을 낫게 하시다

● 그다음 주에 또 다른 성경 집회가 있었다. 특별한 경우를 제외하고는 대부분 우리의 집회는 일주일 일정이다.

집회 중이던 수요일 저녁에 한 자매가 나를 찾아왔다. 그 자매는 다음 날 암 수술 일정이 잡혀 있어서, 하던 공부를 중단하고 오늘 저녁에 다시 집으로 돌아가야 한다고 했다. 그래서 수술을 잘 마치도록 기도해 달라고 나에게 요청했다. 그 자매는 건강이 좋지 않은데도 말씀을 귀하게 여겨 찾아왔던 것이다. 나에게 안수해 달라고 찾아오는 사람은 항상 있었지만, 나의 안수를 통해 병자가 벌떡 일어나는 경우는 거의 없었기 때문에 나는 꾀를 내었다. 모두 합심해서 기도하면 기도의 힘이 더 크리라 생각했다. 그래서 우리 모두 그 자매의 주위에 둘러서서 합심하여 열심히 기도했다. 의사가 수술하기 전에 주님이 먼저 치료해 주셔서 수술이 필요 없게 해달라고 기도했다.

그 자매는 다음 날 병원에 가서 수술을 위해 마지막 검사를 했다. 전에 암 종양의 크기는 7.5센티미터로 엄청난 크기에 아주 위험한 수준이었다고 했다. 그런데 그날 다시 검사를 했더니 크기가 1.5센티미터로 줄어 있었다. 그래서 수술이 취소되었고, 그 자매는 다시 우리 집회로 돌아왔다. 우리는 주님께 감사와 영광을 돌리며 큰 기쁨으로 공부를 계속했다. 그 자매의 상태는 계속 좋아졌고, 후에 또 검사를 했을 때는 더 회복되었다.

중국 해남도 비행장에서

● 2003년에 하이난섬 남쪽 산야를 지나 북쪽에 있는 하이커우(海口)시에서 말씀을 전했다. 모든 모임을 마치고 다른 곳으로 이동하기 위해 공항으로 갔다. 하이난은 섬이기 때문에 배보다 비행기를 많이 이용했다. 탑승권을 받기 위해 줄을 서고 있었는데 갑자기 험상궂게 생긴 한 거인이 나를 세게 밀치며 내 앞자리를 차지했다. 아주 무례한 방법으로 새치기를 한 것이다.

장애가 많은 나는 다리에 힘이 없기 때문에 잘 넘어지곤 했는데 그때도 거의 넘어질 뻔했다. 넘어지는 위험은 겨우 면했으나 그는 나에게 계속 공격적인 모습을 보였다. 그리고 나의 앞에 서서 여러 가지 방법으로 나를 괴롭혔다. 그의 무례한 행동에서 나를 보호해 주려는 사람은 아무도 없었다. 누가 나를 도우려 한다 해도 그의 힘을 당할 수는 없었을 것이다. 잘못 항의했다가 보복을 당할 수도 있었다. 나는 그를 전에 본 적이 없었기에 그가 왜 그렇게 못된 짓을 하는지 도저히 이해할 수 없었다. 사탄의 세력이 그 뒤에 있지 않을까 싶었다. 그게 아니면 무시무시한 거인이 나를 괴롭힐 이유가 전혀 없었다.

나를 도울 사람이 아무도 없으니 기도로 주님의 도움을 요청하는 수밖에 없었다. 그 외에는 다른 길이 없었다. 그래서 나는 속으로 기도했다. "그가 나를 무례하게 괴롭히는 것을 막아 주십시오."

그 불량자가 자기 차례가 되어 탑승권을 받으러 항공사 직원에게 갔다. 그런데 그 직원이 서류 미비를 이유로 그를 돌려보냈다. 전염병 사스에 관한 정보가 누락됐으니 그 양식서를 가져와 작성하여 같이 제출해야 한다고 했다. 지금의 중국 항공사는 고객들을 친절하게 대하지만, 그 당시 항공사들은 강압적이었다.

2002년에는 사스라는 전염병이 발생하여 온 중국이 힘들어하고 있었다. 해를 넘기고 다음 해가 됐어도 사스에서 안전하지 않았다. 그래서 예방 차원에서 정부는 모든 여행자에게 그 정보를 제출하라고 했다. 그 무례한 사람은 양식서를 받기 위해 멀리까지 가야 했다. 나 역시 그것을 몰랐기 때문에 나도 그 양식서를 받으러 다시 가야 한다고 생각했다.

어쨌든 다음 차례였기 때문에 나는 탑승권을 수속하러 갔다. 그런데 그 직원이 나는 다시 돌려보내지 않고 자기 서랍에서 양식서를 찾아 나에게 주면서 그 자리에서 작성하라고 했다. 작성법을 잘 모른다고 했더니 직접 양식서 작성을 도와주고 탑승권도 주었다. 너무나도 고마웠다. 중국 직원들은 보통 그렇게 친절하지 않았다.

그는 내 뒤로 오는 사람들은 모두 다시 무자비하게 뒤로 돌려보냈다. 나는 그 무례한 사람이 어디로 갔나 찾아보았다. 그는 양식서를 다 작성하여 다시 맨 뒤로 가서 탑승권 수속을 위해 기다리고 있었다. 그 덕분에 나는 다행히 그와 분리될 수 있었다.

내가 그를 피하기는 했지만, 생각해 보니 그와 같은 비행기를 타야 했다. 그가 나와 같이 타더라도 나와 멀리 떨어진 곳에 앉길 원했다. 그런데 탑승하고 보니 바로 내 앞자리였다. "아니, 이럴 수가!" 그렇게 그와의 악연이 계속됐다. 나는 또 그로부터 안전하게 해 달라고 기도했다.

그는 비상구 바로 옆에 앉아 있었다. 그런데 승무원이 그 험상궂은 사람에게 가더니 그 비상구 옆 좌석에는 정해진 사람만 앉을 수 있다며 다른 좌석으로 옮기라고 했다. 그래서 그는 나와 멀리 떨어진 곳으로 가게 되었다. 우연히 생긴 일로 내가 호들갑을 떤다고 할 수도 있다. 그러나 나는 아직 영적 전쟁 가운데 있었기 때문에 이상하게도 이런 일들이 생기곤 했다. 이런 사건들의 내막을 다 이해하지는 못한다. 그러나 내가 위험을 당할 때마다 주님이 나의 길을 보호해 주셨다.

이 사건 외에도 많은 위험한 사건에서 주님이 함께해 주셨다. 그 일들을 모두 우연으로만 돌릴 수는 없었다.

예수 믿는 가정을 홍수에서 구해 주시다

● 흑룡강성의 한 지방 마을에서 큰 홍수가 일어났다. 왕 형제의 집도 그곳에 있었다. 형제의 가정은 매우 모범적인 믿음의 가정이었다. 그 마을에서는 그들만이 믿음을 지키고 있었고, 그는 믿지 않는 자기 마을의 복음화를 위해 노력하고 있었다. 그들은 자기들이 축복받고 잘되어야 그들에게 전도가 잘될 것으로 생각했다.

그런데 어느 날 흑룡강성 오상 지역에 홍수가 나서 그가 사는 마을도 모두 홍수에 쓸려가게 되었다. 형제의 집은 마을에서 가장 낮은 지대에 위치하고 있었다. 홍수가 나면 자연의 원리에 의해 당연히 그의 집이 제일 먼저 물에 잠겨야 했다. 그래서 그 가정은 홍수로부터 자신들의 집을 지켜 달라고 간절히 기도했다. 하나님을 믿는 집안에 가장 먼저 홍수의 재앙이 임하는 것은 전도에 도움이 안 되니 도와 달라고 기도했다.

그런데 자연 현상을 거스르는 이상한 일이 벌어졌다. 마을의 모든 집은 홍수 피해를 입었는데 형제의 집만 홍수의 피해를 면한 것이다. 도저히 이해가 안 되는 상황이었다. 이 일을 통해 안 믿는 그 마을 사람들이 하나님은 확실히 계시다고 믿게 되었고 큰 도전을 받았다. 이후 그 마을에 계속 복음이 전파되었고, 형제의 가정은 지금 그 마을의 예배 처소로 이용되고 있다. 형제는 아직도 그 집에 살고 있다. 나는 그 집을 여러 번 방문했고, 지금도 그들과 가끔 소통하고 있다.

지각을 통해 우리를 보호해 주시다

● 2014년 대련 개발구에서 여러 교회 일꾼이 모여 일주일간 성경을 공부하기로 했다. 집회 시작은 오전 8시 30분으로 예정되어 있었다. 그래서 우리는 8시에 집회 장소로 출발하기로 하고 준비

를 다 끝냈다. 마침 그날 연길에서 방문한 한 자매가 자기도 집회에 참석하고 싶다고 해서 우리는 8시에 출발 장소에서 만나기로 했다. 그런데 그 자매가 오다가 길을 잃는 바람에 예정보다 30분 늦게 출발했고, 우리는 30분 늦은 9시경에 모임 장소에 도착했다. 나는 집회 시간에 늦는 경우가 좀처럼 없다. 그런데 처음 하는 집회에서 지각해 버렸기에 마음이 무척 불편했다.

우리가 집회 장소에 도착해 보니 공안 10명 정도가 그곳을 다 에워싸고 있었다. 공안이 우리 집회에 대한 정보를 먼저 알고 포위하고 있었던 것이다. 교회를 통제하려면 보통 공안 한 사람으로 충분했다. 그런데 이렇게 많은 인원이 동원되었다는 것은 우리 단체 모두의 체포를 계획했다는 뜻이다.

나는 그 자매가 늦게 와서 우리 일정에 차질을 주었다고 불평했으나, 주님은 그 지각을 통해 우리를 보호하셨다. 우리는 주님께 감사하고 찬양하며 안전하게 집으로 돌아왔다. 그리고 취소된 모임에서 돌아온 그룹을 위해 다른 성경 모임을 가졌다. 일이 내 뜻대로 안되더라도 항상 범사에 감사할 수밖에 없었다.

어떤 믿음 좋은 중국 형제들은 내가 체포되지 않는 것에 불만이 많았다. 왜 순교하는 자세로 체포당하지 않고 피해 다니냐는 것이다. 체포당하며 고난받는 사람들이야말로 진정한 그리스도인이라는 것이었다. 그러나 나는 체포를 피해 다닌 것이 아니라, 계속 체포를 피하게 된 것뿐이다. 주님이 목적이 있으셔서 나를 피하게 해주셨는데 내가 체포를 자초할 이유가 무엇인가? 나는 주님이 지켜 주셔서 중국에서 한 번도 체포된 적이 없다.

세월이 지나 지난날의 삶을 반추하면서, 내 삶이 주님께서 전에 내게 보여 주셨던 영상 그대로 진행되었음을 깨닫게 되었다. 나는 주님의 일을 감당할 자격이 전혀 없지만, 필요할 때마다 보혜사 성령님을 통해 그 일들을 감당하게 하셨다. 전혀 기대하지 않았던 일들도 세월이 지나고 보니 실제로 성취되었다.

이 외에도 주님이 행하신 일이 많지만 다 기록하지 못했다. 나는 선교 일정이 끝날 때마다 중요한 사건의 날짜와 제목만 기록해 놓았다. 그 당시는 내 기억이 생생해서 모두 영원히 기억에 남아 있을 줄 알았다. 사실 어떤 일들은 아직도 기억이 생생하다. 그러나 시간이 오래 지나다 보니 어떤 사건들은 기억이 흐려지기 시작했다. 여러 가지 사건이 서로 혼동되기도 했다. 그렇게 혼동되는 것을 함부로 기록할 수 없었다. 기도 편지 소개를 게을리했으니 당연한 결과였다. 다만 주님이 하신 일을 모두 기록하지 못한 것이 아쉬울 뿐이다.

6부

수족관 영상:
더러운 물과 깨끗한 물

나는 하나님께서 나에게 보여 주신 영상들을 따라 이 글을 정리하고 있다.

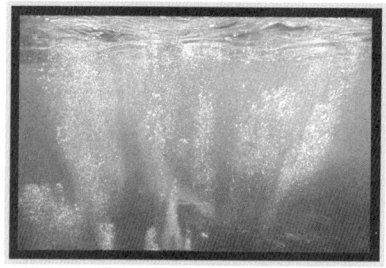

주님은 전에 수족관이 더러운 물로 가득 차 있는 것을 내게 보여 주셨다. 그리고 그 수족관을 깨끗하게 해주셨다. 6부는 이 더러운 물과 깨끗한 물에 대한 이야기이다. 다시 말하자면 잘못된 것과 잘한 것들의 이야기이다. 깨끗한 물에 대한 이야기는 아무 부담이 없지만, 더러운 물에 대한 내용은 사실 부담스럽고 불편함이 있다. 결국은 어떤 잘못을 다루어야 하기 때문이다. 그렇다고 그것을 그냥 넘어갈 수는 없다. 이 책은 내가 본 영상들을 주제로 하고 있기 때문이다.

사실 우리 인간은 모두 죄 가운데 살고 있기 때문에 더러운 물은 항상 온 세상에 가득하다. 나는 이 영상을 생각할 때마다 항상 인간의 죄를 생각하게 된다. 그러나 여기서는 온 세상의 죄가 아니라 내 삶과 선교지에 관한 일을 나누고자 한다.

내가 선교지에서 본 더러운 것은 두 가지였다. 하나는 나의 더러운 모습이다. 나의 더러움은 앞에서 이미 대부분 다루었다. 후에도 나는 나의 더러운 모습을 차차 깨달았고, 주님은 그것들을 계속 고쳐 주고 계신다. 다른 하나는 선교지에서 나타난 더러움이다.

나는 그 더러웠던 수족관을 생각하며 수족관의 물을 깨끗하게 하는 것이 주님의 명령이라고 생각하고 있다. 그래서 그런 삶을 나의 목표로 삼았다. 선교지에 잘못만 있었던 것은 아니다. 선교 현장에서 말씀에 순종하여 교회의 사명을 너무도 잘 수행한 교회도 많았다. 그래서 나는 선교 현장에서 그들이 잘한 것과 잘못한 것을 기록하여 그들에게 교훈과 참고로 제공하고자 한다. 나는 이것이 나의 사명이라고 생각한다.

먼저 중국 선교 현장에서 잘못한 것들을 다루고, 이어 잘한 것들을 살펴보고자 한다.

선교지에서 있었던 비리의 원인

● 앞에서는 선교지 내부의 영적으로 잘못된 교리에 대해 이야기했지만, 여기서는 외부적인 잘못과 비리들을 다루려고 한다.

사실 처음 글을 쓸 때는 중국 교회의 여러 비리를 장황하게 나열했다. 깨끗해야 할 교회들이 온통 비리투성이였기 때문이다. 그러나 대부분을 지워 버렸다. 비리를 많이 알린다고 해서 도움될 것이 하나도 없기 때문이다. 비리를 고발하는 것보다 비리가 생긴 원인을 파악하는 것이 더욱 중요하다고 생각했다. 모든 문제점은 결국 같은 뿌리에서 비롯됐기 때문이다. 그 뿌리들을 알고 그것을 효과적으로 고쳐 나가는 것이 중요했다. 그래서 나는 몇 가지 대표적인 사례만 간단히 소개하고자 한다.

비리의 근원을 분석해 보니, 모든 비리는 결국 인간의 욕심과 말씀의 부재에서 비롯됐다. 1992년 8월 한국과 중국이 수교 협상을 맺었다. 그때 소수의 헌신적인 한국 선교사들이 즉시 중국에 들어가 복음을 전하기 시작했다. 그들은 목숨을 걸고 복음을 전했다.

그러나 그 선교사들은 할 일이 너무나 많았다. 성경을 보급하는 것만 해도 온전히 헌신해야 가능한 일이었다. 선교사들은 우선 예수를 통해 구원을 얻는 복음부터 전해야 했다. 믿은 사람이 어떻게 살아야 하는지를 가르치는 데는 시간이 많이 소요됐다. 그래서 복음을 전달하는 데 몰두하는 동안, 신자들의 훈련과 기독교 지도자들의 양성은 상대적으로 등한시될 수밖에 없었다.

시간이 지나면서 엄청난 숫자의 한국 선교사들이 중국으로 몰려가기 시작했다. 한국 교회가 적극적으로 중국 선교를 지원하면서 중국 내 한국 교회와 선교사의 숫자가 갑자기 증가했다. 한국이 급속한 경제 발전을 이루고 있었던 때라 한국 교회는 선교헌금도 풍성했다. 그래서 대체로 한국 선교사들은 부자였다. 반면 중국 교회는 아직 국가적으로 경제 발전이 시작되지 않은 시기여서 가난했다.

이때 한국의 선교에 문제가 생기기 시작했다. 한국 선교사들은 불신자들을 믿게 하는 것보다 다른 일에 집중했는데, 바로 이미 존재하던 중국 교회들을 경쟁적으로 자기 선교지로 선점하는 일이었다. 이것처럼 '빠르고 쉽게' 성과를 내는 선교 방법은 없었다. 또한 이런 것은 자기들의 이름이 드러나는 선교였다. 선교사들은 단시일에 선교에 성공했다고 한국에 보고했고, 교회들은 그 성과에 환호했다. 그러나 실제로는 복음화에는 별로 진전이 없는 땅따먹기 전쟁이었다. 물론 그런 중에도 선교사들이 복음을 전했지만, 그들은 복음 전파보다는 선교지 선점에 관심이 컸다.

선교지를 차지하는 가장 확실한 방법은 한국의 돈이었다. 가난한 중국 교회는 돈이 필요했고, 한국 교회는 경쟁적으로 빨리 선교의 성과를 내기 원했다. 그 필요들이 서로 잘 맞아떨어져 당시는 중국의 교회와 한국의 돈이 서로 거래하듯 오가는 상황이 되어 버렸다.

나도 처음에는 그런 환경에서 사역했다. 낯선 선교지에서 아무것도 모르고 말씀을 전하다 선교지 싸움에 휘말리는 일도 있었다. 당시 그런 선교 행태의 피해가 엄청났는데, 이것이 앞서 이야기했던 기독교 자본주의의 폐해이다. 중국 교회는 어떻게 살아야 하는지 신앙이 아직 정립이 안 된 상태에서 한국에서 돈이 들어오다 보니 그 돈을 최대한 챙기는 것이 최선의 방법이라고 생각했다. 그래서 당시 중국 교회가 추구하던 가치관은 크게 두 가지였다. 하나는 예수 믿고 구원 얻는 것이고, 다른 하나는 어떻게 해서든 많은 선교비를 챙기는 것이다. 물론 하나님 나라의 확장을 위해 물질에 욕심을 내는 사람도 많았고, 좋은 동기로 사역하는 사역자도 많았다. 내가 여기서 비판하려는 것은 개인의 욕심을 위해 외국에서 들어온 선교비를 도둑질하는 행위이다.

연길 지역은 중국이지만 한국말이 통하는 곳이기 때문에 한국인들은 중국에서 이 지역을 가장 많이 찾았다. 그 결과 그 지역의 기독교 자본주의가 가장 심했다. 아마 당시 연길 지역을 섬기던 한국 교회와 선교사의 숫자가 연길 현지 교회의 수보다 훨씬 많았을 것이다. 그래서 많은 중국 교회가 여러 한국 교회로부터 중복하여 지원을 받고 있었다.

그 결과 어떤 가난했던 연길의 전도사는 졸지에 부자가 되어 개인 자가용까지 소유하고는 그것을 과시하고 다녔다. 당시 중국에는 자가용 차를 소유한 사람이 그리 많지 않았다. 또 그는 자기가 유명 인사인 것을 과시하려고, 외국인을 한 번 만나려면 일주일을 기다려야 한다면서 고의로 약속을 어기기도 했다. 한국 교회의 지원으로 그 전도사는 결국 복음 사역자보다는 사치스러운 생활을 누리며 과시하는 갑부가 되고 말았다. 한국은 그렇게 선교비를 많이 낭비하면서 영적으로 그들을 죽이는 결과를 만들었다. 돈으로 섬기는 선교는 결국 그 돈 때문에 선교지 교회가 하나님을 제대로 섬길 수 없게 한다.

> "한 사람이 두 주인을 섬기지 못할 것이니 혹 이를 미워하고 저를 사랑하거나 혹 이를 중히 여기고 저를 경히 여김이라 너희가 하나님과 재물을 겸하여 섬기지 못하느니라"(마 6:24).

성경에서 알려 주는 인간 욕심의 중심은 육신의 정욕, 안목의 정욕, 이생의 자랑이다(요일 2:16). 중국에서도 육신의 정욕을 따라 쾌락을 찾는 것과 성적인 문제가 있었다는 소문을 많이 들었다. 또 이생의 자랑을 통해 자기가 높아지려는 죄도 항상 있었다. 무엇보다 교회에서 자기를 높이려는 암투가 많았다. 한국의 선교 역시 선교지를 확장하여 교세를 자랑하려는 이생의 자랑 풍조가 대단했다.

이런 문제는 세계 어느 나라에나 다 있지만, 중국에서 나를 가장 지속적으로 괴롭힌 것은 안목의 정욕이었다. 다시 말하자면 중국 교회의 돈 문제였다. 그리고 교만의 문제였다. 그래서 이런 이유로 외국 선교사들을 기피하는 지각이 있는 중국 교회가 계속 늘어났다.

중국 교회가 잘못한 사례들

● 하루는 연길에서 나에게 연락이 왔다. 성경 공부를 인도해 달라는 요청이었다.

그때 사람들이 많이 모였는데, 그들은 모두 성경학교 학생들이라고 했다. 그런데 이상하게도 그들의 반 정도는 성경 말씀에 별 관심이 없었다. 그들은 기독교에 헌신한 사람들로 보이지 않았고, 나는 그들의 구원부터 의심이 들었다. 그래서 구원에 관해 이야기해도 그들은 별 관심이 없었다. 가르치는 나나, 듣는 그들이나 모두 힘들었다.

다들 귀를 닫고 있는 분위기여서 나는 일정을 일찍 마치고는 모두 집에 돌아가라고 했다. 그런데 아무도 돌아갈 생각을 하지 않고 계속 모여 있었다. 왜 돌아가지 않냐고 묻자 그들이 모임을 주도한 전도사님에게 몰려가 항의하기 시작했다. 자신들이 공부에 참여했는데 왜 돈을 안 주냐는 것이었다. 그들의 항의는 집단 농성 수준이었다. 나는 그들의 주장에 어이가 없었고, 그들 역시 어이없다는 듯 나를 쳐다보았다.

후에 알았는데, 그 지방에서는 성경 공부에 참여하는 사람들에게 얼마간의 돈을 지급하는 풍조가 있었다. 선교 초기에 청중을 많이 모으기 위해 한국 사람들이 돈을 주었는데 그것이 관행이 되어 버린 셈이었다. 그래서 과반수의 학생은 돈을 벌려는 목적으로 집회를 찾은 것이었다. 그들은 한동안 돈을 달라고 나와 실랑이를 벌였지만 나에게는 돈이 없었으므로 그들은 할 수 없이 빈손으로 집에 돌아갈 수밖에 없었다. 말씀이 은혜가 됐다며 헌금하고 가는 사람들과는 전혀 반대되는 모습이었다.

연길에는 중국에 이름이 잘 알려진 김모 장로님이란 분이 있었다. 그분이 외국에 다니다가 나하고 연락이 닿았다. 그는 나에게 자기가 시무하고 있는 연길신학교에서 성경 강의를 해달라고 요청했다. 그래서 후에 일정을 잡고 그와 만났는데, 그때 김 장로님의 말에 깜짝 놀랐다. 지금은 그들에게 신학교가 없고 앞으로 만들 예정이라며, 자신이 내게 요청한 집회에 필요한 경비는 내가 가져왔을 테니 그 돈이나 놓고 가라는 것이었다. 신망이 있어서 존경받는 분이 나에게는 거의 강도로 보였다.

그러면서 내가 교회에 돌아가면 그 신학교에서 강의를 아주 잘했다고 교회에 홍보해 주겠다고 제안했다. 내가 힘들게 강의하지 않아도 내 선교 사역이 사람들에게 인정받을 수 있으니 누이 좋고 매부 좋은 일 아니냐는 식의 흥정이었다. 그러나 나에게는 인정을 받을 교회가 없었고, 그런 인정을 받을 생각 역시 추호도 없었다. 물론 그에게 돈을 줄 생각도, 돈도 없었다.

세상 것을 얻으려고 선교지로 뛰어드는 사람들

● 예수님이 자기의 목숨까지 내어 주신 것처럼 철저히 자기를 내어 주는 자세로 선교지를 섬기는 분도 많았다. 그러나 주려는 자세로 선교하는 것이 아니라, 세상 것을 얻으려고 선교에 뛰어드는 사람도 적지 않았다.

미국의 성모 목사님은 세상의 경력이 화려한 분이었다. 그에게는 그의 능력에 걸맞은 화려한 선교팀이 있었다. 하루는 그들이 나를 방문했다. 각자 흩어져 선교하기보다 함께 힘을 합해 일하는 게 어떻겠냐고 제안해 왔다. 협력하는 것은 좋지만 나에게는 주님이 인도하시는 확실한 길이 있으니 그 뜻을 따라 같이 상의하며 일하자고 합의했다. 나는 선교지를 떠나면 항상 외로웠다. 그것에 미혹되어 그들과 합의한 것이다.

그 후로 그들은 나와 아무 상의도 없이 일방적으로 그의 선교 계획을 명령하기 시작했다. 나에 대한 주님의 뜻과 계획이 완전히 무시되었다. 그들은 나에게 매번 500달러를 지급할 테니 자신들의 지시를 따르라고 일방적으로 요구했다. 그들의 목적은 선교로 자기들의 이름을 내고 성공하는 것이었다.

사실 나에게도 그런 생각이 도사리고 있었다. 그러나 주님이 나의 그런 생각을 바꿔주셨다. 그러나 그런 생각이 다 사라져버린 것은 아니다. 기회만 되면 다시 돌아와 지금도 나를 유혹하고 있다.

나는 내가 가는 이 길이 주님께서 인도하신 길이라고 믿는다. 주님을 떠나 아무것도 할 수 없는 다른 길을 나는 따를 수 없었다.

이 외에도 나를 이용해 자기들의 세력을 넓히려는 사람들이 심심치 않게 나를 찾아왔다. 왜 그렇게 세상 성공에 몰두하는지 모르겠지만, 어떻게 해서든 선교로 이름을 내려는 사람이 많았다. 나와 힘을 합하여 세상에 이름을 내보겠다는 목적이었다. 아무 짝에도 쓸모없는 일을 왜 그렇게들 추진하는지 알 수가 없다. 이와 관련해 창세기 11장 4절 말씀이 생각났다.

"또 말하되 자, 성읍과 탑을 건설하여 그 탑 꼭대기를 하늘에 닿게 하여 우리 이름을 내고."

나는 중국, 한국, 미국을 오가며 계속 여러 선교사와 협조하며 도움을 주고받았다. 미국과 한국의 선교사들 중에는 유독 돈이 많은 이들이 있었는데, 일부러 그런 선교사만 찾아다니는 사람들도 있었다. 그래서인지 나를 돈 많은 선교사로 착각하고 나에게서도 돈을 얻어 내려고 찾아와 괴롭힌 사람도 여럿이다.

한국의 어떤 교단에서는 중국 교회 내에서 자신들의 교세를 넓히기 위해 자격도 없는 목사들에게 세례와 목사 안수를 남발하기도 했다. 그들은 그들의 신학생들에게 자격이 있건 없건 햇수만 채우면 안수를 주기도 했다. 한 교단에서 목사 안수를 받으면 다른 교단으로 옮기기가 쉽지 않다. 그래서 자기 교단의 지경을 넓힐 수는 있으나, 그 결과 아직 준비되지 않은 목사가 난무하게 되었다. 결국 그 교단들은 그런 목사들을 양산하여 선교지 성도들의 영혼을 죽이고 있었다.

세례와 안수를 남발하던 교단들에게는 복음을 전하는 것보다 더 많은 세례와 목사 안수를 통하여 교세를 넓히는 것이 더 중요했다. 그러나 그렇게 안수받은 목사들은 대게 구원에 관한 교리를 제대로 알지 못했고, 십자가의 의미도 온전히 깨닫지 못했다. 말씀을 잘 모르니 성도들 앞에서 성경 말씀을 낭독하기는 하지만 말씀과는 무관한 세상의 생각을 가르치는 경우가 많았다.

"아무에게나 경솔히 안수하지 말고"(딤전 5:22).

중국 해남도 교회

● 2003년 12월 해남도에 거주하던 김모 선교사가 있었다. 그는 미국 국적의 한국인으로 신앙이 매우 좋은 분으로 알려져 있

었다. 해남도의 산야는 중국 최남단에 있고 경치가 좋아 중국의 하와이라는 별명도 있다. 김 선교사는 내가 해남도에서 반드시 해야 할 일이 있다며 꼭 방문해 달라고 나에게 여러 차례 강청했다. 그곳은 우리 선교 사역에 꼭 필요한 곳이라고 하여 한번 가보기로 했다. 그는 내가 할 일은 단지 말씀만 전하는 것이며, 그곳이 휴양지이니 온 김에 지친 몸을 푹 쉴 수 있다고 했다. 말씀을 전할 곳이 많고 경치도 좋다니 나에게는 유혹이 되었다.

산야에 도착해 보니 한겨울인데도 여름 날씨였고 경치가 정말 아름다웠다. 나는 약속대로 몇 교회에서 말씀을 전하고 아름다운 경치도 즐겼다. 모든 일정을 마치고 김 선교사가 나와 같이 다니느라 쓴 경비는 충분히 그에게 주었다. 그리고 가르칠 것이 남아 있어 다음 강의를 약속하고 해남도를 떠났다.

그런데 다음에 그곳을 방문했을 때 나는 뜻하지 않게 그에게 보복을 당했다. 남들에게는 보이지 않았지만 여러 가지로 나를 괴롭히고 말씀을 가르치려 하는 나를 방해했다. 나는 그 보복을 이해할 수가 없었다. 그러나 후에 깨닫고 보니 그것 역시 돈 문제였다. 그곳을 방문했던 선교사들은 대부분 많은 돈을 가지고 있었다. 그래서 그와 함께 관광지를 다니면서 그에게 돈을 많이 주었다. 그런데 나에게서는 그가 기대했던 정도의 돈을 얻지 못했기에 나에게 보복한 것이었다.

선교 사역이 가장 중요하다고 하면서도 이처럼 돈을 따라 움직이는 경우가 많았다.

해남도에서 성경 공부를 인도하며 사역하는 도중 한 중국 형제가 나를 찾아왔다. 자기 동네에 선교 지망생이 45명 있으며, 앞으로 선교사로 나갈 예정이라고 했다. 그런데 그 경비가 없어서 선교지로 갈 수가 없으니 나에게 그 경비를 좀 지원해 달라는 것이었다. 그들은 내가 엄청난 돈을 갖고 있다고 생각한 것 같다.

나는 그 선교 지망생들이 궁금해 우선 그들을 만나 보자고 했다. 정말 그들의 사정이 그렇게 딱하다면 그들을 만나 본 후에 돌아가서 그들을 도울 방법을 생각해 보겠다고 했다. 그랬더니 그 형제는 그들을 만날 수 없다고 했다. 그러면 그 45명이 갈 선교지는 어디냐고 물었더니 그 역시 대답하지 못했다. 후에 알고 보니 선교 지망생은 아예 있지도 않았다.

선교를 빙자하여 돈을 갈취하려는 사람들은 항상 내 주위를 맴돌고 있었다. 그들이 주님께서 나에게 보여 주신 더러운 것 중의 일부라고 생각했다.

간혹 신앙이 좋은 사람으로 위장하여 나에게 접근하는 중국 형제들도 있었다. 해남도에서도 그런 형제가 있었다. 그는 자기가 신앙이 아주 좋고 헌신되었다며, 외국에 유학 가서 신학을 공부하고 돌아오겠다고 했다. 그리고 중국에서 중국 교회를 위해 헌신하겠다고 했다. 그와 자세한 이야기를 해보니 앞뒤가 안 맞는 말이 많았다. 그는 오직 외국에 가서 더 좋은 기회를 얻어 출세하기 위해 거짓말을 한 것이었다.

하나님은 분명히 살아 계시다. 우리에게는 모두 자신이 한 일들을 계산할 날이 반드시 온다. 우리가 만일 세상의 명예, 쾌락, 맘몬을 위해 이런 식으로 하나님을 이용하며 산다면 그날 하나님 앞에서 우리가 이것을 어떻게 설명하겠는가?

"하나님 앞과 살아 있는 자와 죽은 자를 심판하실 그리스도 예수 앞에서 그가 나타나실 것과 그의 나라를 두고 엄히 명하노니"(딤후 4:1).

"우리가 주목하는 것은 보이는 것이 아니요 보이지 않는 것이니 보이는 것은 잠깐이요 보이지 않는 것은 영원함이라"(고후 4:18).

잘못된 관습에 사로잡힌 교회들

● 앞서 소개한 것처럼 선교지는 더러운 물로 가득 차 있었다. 그러나 지각이 있어서 옳지 않은 풍조들을 멀리하는 교회도 많았다.

내가 선교 초창기에 그들을 섬길 때 그들의 신앙은 성경의 기준과는 사뭇 달랐다. 나는 그들을 정죄할 생각이 전혀 없다. 그들은 아직 말씀을 잘 알지 못했다. 그들은 어떻게 예수를 믿어야 하는지, 어떻게 살아야 하는지를 잘 몰랐다. 주님은 특별한 목적이 있으셔서 나에게 그런 중국 교회의 모습을 보여 주셨다. 나는 그런 그들을 보고 나서 주님이 그들의 잘못된 모습을 고치기 원하신다고 생각했다.

중국 교회들을 바로잡기 위해서 처음에는 그들을 향해 그렇게 하면 안 된다고 설득도 해보고, 논쟁도 많이 해보았다. 그러나 모두 무용지물이었다. 내 충고를 듣는 사람은 거의 없었다. 그것은 마치 계란으로 바위를 깨는 것과 같았다.

내가 고치려던 잘못 중에서 가장 힘들었던 부분이 돈에 관한 것이다. 많은 중국 교회가 자기들은 희생하려 하지 않고 모두 외국의 헌금으로 교회 재정을 해결하려 했다. 나는 선교를 위해 돈을 거의 사용하지 않았기 때문에 처음에는 인기가 없었다. 그래서 돈 문제로 인간관계에서 불편함을 겪기도 했다.

나도 처음에는 모금을 많이 해서 인기 있는 사람이 되어 보려는 유혹을 많이 받았다. 그러나 사도행전을 묵상하면서, 사도들이 돈으로 복음 전파에 영향을 끼쳤던 사건이 하나도 없다는 사실을 깨달았다. 만일 돈이 있어야만 사람들에게 말씀으로 영향을 줄 수 있다면, 그 말씀은 죽어 있는 말씀이고, 전할 가치가 없는 말씀이라는 생각이 들었다. 하나님 말씀이 살아 있는 말씀이라면 돈이 없어도 그 사역에는 무궁무진한 능력이 있으리라고 생각했다. 만일 돈으로 사역해야 한다면 내 사역의 대상은 한정될 수밖에 없었다. 돈이 바닥나면 그 사역도 마감해야 하기 때문이다. 그런데 주님은 나에게 돈이 아니라 능력의 말씀이라는 무궁무진한 자원을 주셨다. 그래서 나는 돈 없이 말씀으로만 그들을 섬기기로 했다.

또 한 가지, 그들에게는 항상 남을 밟고 올라가 으뜸이 되어야 한다는 뚜렷한 신념이 있었다. 경쟁 사회에서 살아가고 있으니 세상이 그런 것은 이해가 되나, 그들은 교회도 그래야 한다고 믿고 있었다. 그런 그들에게 내가 교만하지 말고 자기를 낮추는 자가 되라고 가르치니 크게 반발할 수밖에 없었다. 어떤 교회에서는 말도 안 되는 소리를 하고 다닌다고 했고, 하마터면 중국 지도자 그룹에서 쫓겨날 뻔하기도 했다. 그런 싸움들은 아주 고통스러웠다. 그것을 고치려던 나의 노력은 전혀 도움이 되지 않았다.

그래서 나는 그 싸움을 일단 포기했다. 그러나 언젠가는 젊은 신학생들이 변화되어 그들이 새롭게 교회들을 이끌어 나가기를 기대하면서 말씀 가르치는 일에만 집중했다. 그들이 말씀을 잘 이해할 수 있도록 부지런히 성경만 가르쳤다.

교회가 깨끗해지다

● 　　그런데 세월이 지나며 교회 내에서 기적이 일어났다. 결론부터 말하자면, 후에 많은 교회가 과거의 관습들을 버리고 변화되기 시작했다. 그들을 변화시킨 것은 나의 설득이 아니라 오직 하나님의 말씀이었다. 그들은 여전히 돈도 중요시하고 높아지는 것도 중요시했지만, 하나님의 말씀을 당연히 더욱 중요시했다. 가끔 나와 의견 충돌은 있었으나, 그들은 우리가 하는 성경 공부를 일단 무척 신뢰하고 따랐다.

성경 구절의 일부분을 산발적으로 공부하는 것도 좋지만, 우리는 전에 하던 대로 성경 한 권을 택하면 그 책을 마지막까지 철저히 공부했다. 그렇게 공부하는 것이 하나님의 뜻을 이해하는 데 훨씬 유익했다. 그것은 힘든 과정이었지만 엄청난 축복의 시간이었다. 때로는 해산의 고통도 따랐다. 성경 전체를 꿰뚫는 이런 공부가 중국 현지에서는 매우 희귀했기 때문에 사람들은 이 공부를 매우 귀하게 받아들였다.

나는 성경을 가르치면서 중국어 통역과 함께 그것을 항상 녹음해 두었다. 그리고 그 녹음본을 다른 곳에도 보급했다. 지금도 그것을 보급하고 있다. 그들은 녹음해 놓은 성경 강해를 매우 귀하게 여긴다. 우리의 녹음 기술이 조잡했기 때문에 녹음된 소리가 깨끗하지 못했다. 그런데도 많은 곳에서 녹음된 성경 강해를 매일 반복해서 들었다. 지금까지도 그들은 그렇게 하고 있다.

시간이 흐르면서 그들에게 스며든 말씀이 그 안에서 역사하기 시작했다. 몇 달이 지난 후 내가 그 교회들을 다시 방문했을 때 나는 그들의 변한 모습에 깜짝 놀랐다. 그들은 생각이 전혀 다르게 바뀌어 있었다. 스스로 높아지려던 교만을 버리고 겸손함을 따르고 있었다. 그리고 선교사들에게 돈을 바라던 그들이 오히려 자기들의 재물로 교회와 선교사들을 섬기고 있었다. 그들의 잘못된 풍조를 고치려고 내가 백방으로 노력했던 것은 모두 허사였다. 시간이 지나며 하나님의 말씀이 그 역할을 했다. 전혀 뜻밖의 결과였다.

그들이 그렇게 다른 교회와 선교사들을 섬기고 살고 있으니 가난해야 할 텐데 이상하게도 그들은 물질적으로 풍성했다. 하나님께서는 가난한 중국 농촌 교회에 소득이 늘어나는 복도 더해 주셔서 그들은 구제에 더욱 적극적이 되었다. 그 구제의 영향을 받아 교회도 크게 부흥하였다. 나도 그들에게 많은 재정적 지원을 받았다. 그들은 가끔 미국과 중국을 오가는 나의 항공권까지 지원해 주었다. 성경 말씀을 깨닫고 순종하게 되니 자연스럽게 그들에게 변화가 생긴 것이다. 그것이 말씀의 능력이다. 말씀 말고 다른 방법으로는 사람들이 변하지 않았다.

그렇게 우리는 30여 년을 말씀 공부에 집중했고, 또 이 일을 계속하고 있다. 물론 아직도 불순종하는 교회들이 있다. 모두 순종했다면 사실 이런 글을 쓸 필요도 없었을 것이다. 돈으로 교회를 좌지우지하는 행위는 교회에 엄청난 해악을 끼쳐 왔다. 그러나 말씀을 따르고 순종하는 이들에게는 주님이 큰 부흥을 주셨다.

"도둑질하는 자는 다시 도둑질하지 말고 돌이켜 가난한 자에게 구제할 수 있도록 자기 손으로 수고하여 선한 일을 하라"(엡 4:28).

7부

팬데믹 기간에 주님께서 하신 일

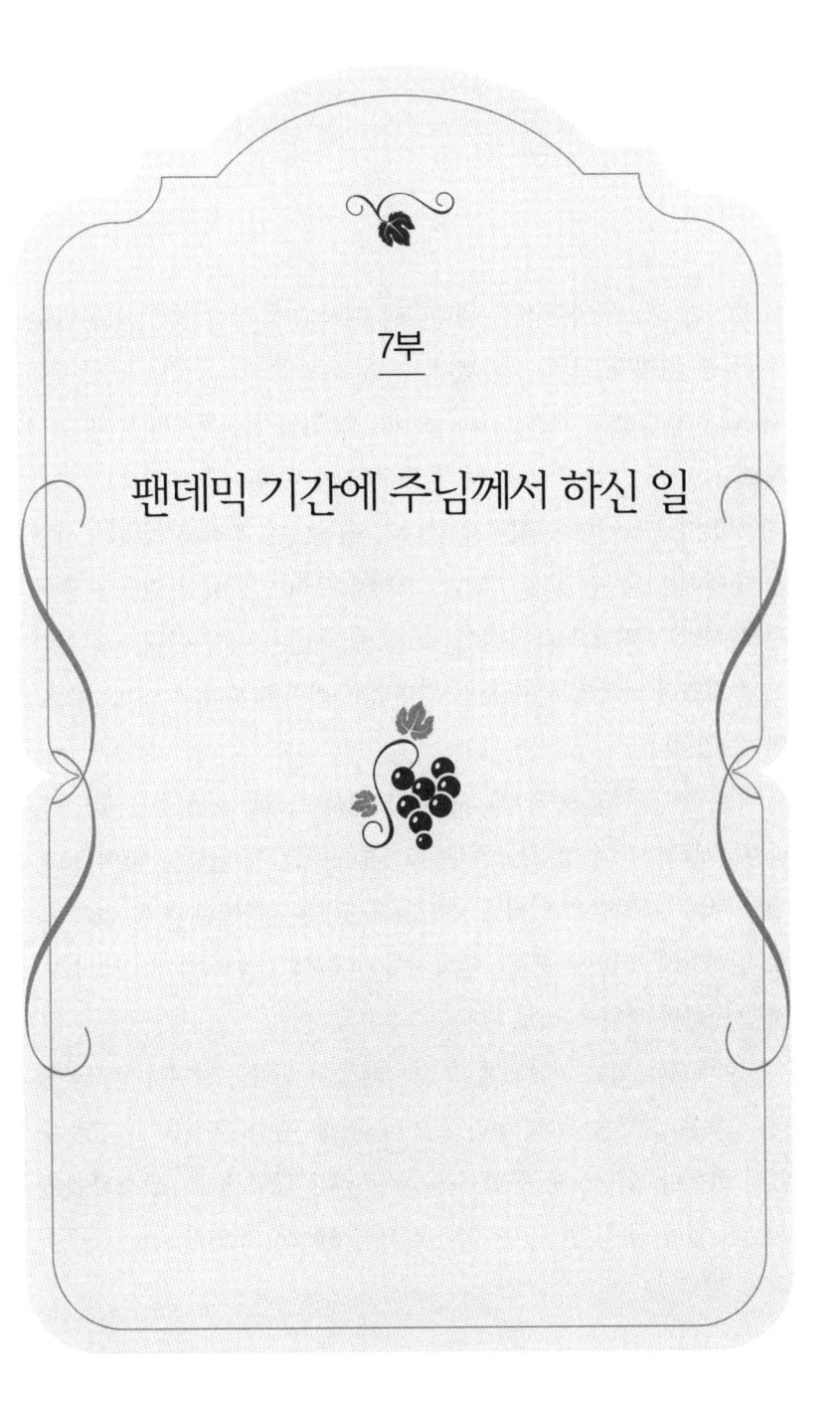

2019년 코로나바이러스 팬데믹이 시작되며 사람들이 서로 만날 수 있는 기회가 거의 사라졌다. 대안으로 줌(Zoom)이나 구글미트(Google meet), 스카이프(Skype) 등 비디오 회의가 유행처럼 번지기 시작했다. 나도 그런 추세를 따라 중국의 제자 훈련을 비디오로 연결해 보았다. 그 비디오 회의가 만나기 힘들었던 우리를 공간과 시간을 초월해 만날 수 있게 하였다. 그래서 우리가 한동안 멈췄던 중국 선교 사역도 비디오로 계속할 수 있게 되었다. 그뿐 아니라 간헐적으로 모였던 미국의 제자 훈련도 비디오 회의 덕분에 정기적으로 모일 수 있었다.

나는 30년 이상 중국 제자들과 교제하며 그들과 인맥을 쌓았다. 나는 그들과 같이 성경을 공부하고 휴식 시간에 잡담도 하며 교제했다. 서로 주고받은 인터넷 연락처도 있었다. 특별한 목적 없이 서로 인사치레로 받아 둔 그 연락처들이다. 옛날 한국에서 사람들이 처음 만나면 명함을 서로 나누는 식이다.

그런데 팬데믹이 시작되며 그 연락처들이 위력을 발휘하기 시작했다. 주님은 그것을 통해 우리가 인터넷으로 말씀 훈련을 계속할 수 있게 하셨다. 인터넷을 통한 교육은 우리가 쌓아 놓은 인맥 때문에 거부감 없이 쉽게 이어졌다. 이런 사태를 예상하고 연락망을 더 구축

했어야 했다는 아쉬움도 있었다. 그러나 시간이 지나며 지금도 그 연락처는 계속 늘어나고 있다.

우리에게는 전과 같이 얼굴과 얼굴을 맞대고 말씀의 교제를 나누는 시간도 중요했다. 그렇지만 팬데믹 기간을 통해 말씀을 전할 수 있는 기회가 오히려 훨씬 더 많아졌다. 우선 공간적인 제약이 사라졌다. 이제는 장거리 여행을 하는 노력 없이도 그들과 쉽게 만날 수 있었다. 여행 경비와 긴 여행 시간도 필요 없어졌다. 전에는 먼 길을 떠나 방문할 수 있는 곳이 보통 한 주에 한 곳으로 국한되어 있었다. 그러고는 다른 장소로 또 이동해야 했다. 그러나 이제는 많은 장소에서 한꺼번에 소통할 수 있다. 또한 시간적 제한도 사라졌다. 언제든지 준비한 녹음 자료를 주고받으면 된다. 필요할 때마다 토론도 가능해졌다.

이렇게 주님은 놀라운 방법으로 우리를 다시 연결해 주셨다. 우리가 얼굴을 맞대고 진행한 30년간의 말씀 사역보다 팬데믹 3년간의 말씀 훈련 분량이 훨씬 더 많다. 팬데믹이 끝났어도 인터넷을 통한 이 말씀 훈련은 멈출 이유가 없었다. 오히려 지금은 이 훈련을 더욱 강력하게 추진하고 있다. 그뿐 아니라 녹음된 성경 강의는 계속 사람에게서 사람으로 전해지고 있다. 이것은 우리가 전에 전혀 생각지 못했던 놀라운 소득이었다.

내가 진행하는 말씀 훈련뿐 아니라 중국 자체 내에서도 줌과 위챗(WeChat) 등을 통한 모임이 번져 나가기 시작했다. 일단 '만나며 사랑하며'라는 교재를 통한 훈련이 있었다. 한국말 하는 사람들은 한국말로, 중국말 하는 사람들은 중국말로 말씀 공부가 이어졌다. 그 공부는 기회 되는 대로 지금도 계속되고 있다.

그런데 이런 실시간 모임들에 관해 중국에서 보안 문제가 생겼다. 인터넷을 통해 실시간 음성으로 나누던 공부는 일단 중단할 수밖에 없었다. 이웃끼리 만나 같이 할 수 있는 공부만 가능했다. 그러나 지금도 녹음으로 공급하는 성경 공부는 계속되고 있다. 녹음된 성경 강의를 서로 복사하며 말씀을 나누고 있다. 그리고 필요한 곳에는 USB에 담아 우편을 통해 말씀을 공급해 주고 있다.

인터넷 성경 공부를 통한 변화

● 코로나바이러스 팬데믹 동안 우리는 처음으로 이사야서를 공부하고, 그 공부한 것을 녹음하여 보급했다. 중국에도 보급했다. 그 일을 위해 전에 나와 말씀으로 동역하던 사역자들이 헌신해 주었다. 그들은 전과 같이 그 말씀을 기쁨으로 받아들였다.

전에 내가 일일이 선교지들 방문하던 때 있었던 시공간의 한계를 뛰어넘고 보니 나에게 유리한 점이 너무도 많아졌다. 우리는 지금 전에 미처 하지 못했던 많은 양의 공부를 하고 있다. 그렇게 진행된 말씀 훈련을 통한 성과는 매우 놀라웠다.

그러나 인터넷을 통한 말씀 훈련에는 아쉬운 면도 있었다. 전과 같이 뜨거운 사랑을 느끼며 교제하던 때가 항상 그리웠다. 다행히 우리는 오랫동안 말씀으로 교제했기 때문에 녹음본으로 말씀을 나누어도 과거에 있었던 그런 깊은 사랑의 교제를 계속 경험하고 있다.

특히 중국의 H 형제는 인터넷으로 하는 공부를 통해 영적으로 변화되는 특별한 경험을 하였다. 그가 변화되자 그의 사역이 달라졌다. 우선 교회가 부흥하고, 그를 통해 개척 교회들이 일어났다. 전에는 알려지지 않았던 그의 가르침이 외부에 알려졌다. 그리고 그에게 말씀을 배우고자 하는 교회 지도자들이 몰려오기 시작했다. 이제 그는 자기 교회 사역도 하지만, 외부의 교회들을 위해 집회도 하고 있다. 그 외에도 O 형제, J 자매, R 형제 등 여럿이 곳곳에 말씀을 전하고 다닌다.

팬데믹 이전에도 그랬지만, 팬데믹 이후에는 중국의 사정이 힘들어지며 전과 같이 다시 말씀에 대한 갈급함이 더해 가고 있다. 특히 변두리 지방 사람들이 더욱 갈급해한다. 지금도 말씀에 대한 그들의 갈급함은 상상을 초월한다. 내가 현장을 방문하며 사역할 당시는 언어와 문화에 걸림돌이 많았지만, 중국에서 태어난 그들의 사역에는 그런 걸림돌이 전혀 없다. 그래서 지금 내 제자들은 내가 과거에 섬기던 교회보다 훨씬 많은 교회를 섬기고 있다.

8부

나의 투병 생활

목 수술

● 2017년, 나는 세 번째 목 수술을 하고 나서 두 개의 목청 중 하나가 손상되었다. 수술 중 기도에 11시간 동안이나 튜브를 꽂아 놓았기 때문에 그 후유증으로 목청 하나가 사라진 것이다. 이비인후과에서 정밀 검사를 두 번이나 했는데 의사는 틀림없이 목청 하나가 없다고 했다. 의사는 내 목소리를 되살리려면 목청을 복원하는 수술이 필요하다고 했다.

말을 할 수 없게 된 나는 계속 해오던 성경 공부를 말 대신 문자를 주고받으며 진행했다. 그런데 주님은 오히려 그 공부 시간을 축복해 주셔서 우리에게 많은 깨달음을 얻게 하셨다.

의사는 간혹 목청이 저절로 살아나는 경우도 있으니 한동안 기다려 보자고 했다. 그래서 두세 달 기다려 보았으나 아무 진전이 없었다. 나는 계속 그렇게 살 수는 없다고 생각하고는 목소리를 복원시키려고 병원을 찾았다. 의사는 목소리를 복원하기 위해서는 인조 목청 만드는 수술을 해야 한다고 했다. 그래서 이비인후과에 가서 다시 정밀 검사를 했다. 여전히 목청 하나는 확실히 없었다.

그런데 목소리가 조금씩 나오기 시작했다. 의사에게 목청이 없는데 어떻게 목소리가 조금씩 나오는지를 물었다. 의사는 그럴 리가 없다고, 불가능하다고 했다. 그러면 지금 왜 목소리가 나오냐고 의사에게 다시 물었다. 의사는 그것은 일시적인 현상이고 곧 목소리가 사라질 것이라고 했다. 그러나 내 목소리는 계속 호전되었고, 지금은 정상이다.

암 투병

● 2021년 팬데믹이 아직 끝나기 전에 나는 방광암 진단을 받았다. 의사는 방광에 암이 의심되니 조직 검사를 해봐야 한다고 했다. 검사 결과 악성 암이었다. 조직 검사 이후 방광에서 심한 출혈이 이어졌다.

의사는 내가 앞으로 오래 살지 못할 것이라고 생각했다. 직접적으로는 아니지만 자신의 많은 수술 경험으로 보아 나는 앞으로 2년 정도 살 수 있을 것이라고 귀띔해 주었다. 의사는 나의 앞날에 대해 심히 염려했지만 나는 별로 근심되지 않았다. 내 마음속에는 평안이 있었다. 나도 왜 그런지 알 수 없었다. 계속 걱정하는 의사의 모습을 보며 나는 오히려 웃음이 나왔다. 그러면서 내 안에서 들리는 음성은 "염려하지 말아라"였다.

"평안을 너희에게 끼치노니 곧 나의 평안을 너희에게 주노라 내가 너희에게 주는 것은 세상이 주는 것과 같지 아니하니라 너희는 마음에 근심하지도 말고 두려워하지도 말라"(요 14:27).

주님이 나에게 평안을 주셨기 때문에 나는 수술을 하지 않고 주님께 맡기려고 했다. 그러나 주위 모든 환경이 나를 수술로 몰아가고 있었다. 특히 소변에서 출혈이 너무 심해 나는 결국 방광을 제거하였다. 전립선에도 암이 있어 전립선도 제거했다. 이제 내 몸은 점점 더 비정상적으로 되어 가고 있었다.

2022년 2월에 있었던 이 큰 수술은 나에게 엄청난 고통이었다. 그런데 의사들은 나에게 항암 치료도 받아야 한다고 했다. 나는 그런 치료를 받을 의도가 없었지만 결국 치료를 받게 되었다. 나에게는 항암 치료를 반대할 근거가 없었기 때문이다. 의사도 항암 치료를 받으면 암에서 해방될 확률이 높다며 적극 권장했다.

결국 나는 항암 치료도 받았다. 항암 치료는 나에게 더욱 큰 고통을 주었다. 수술도 힘들었는데 항암 치료까지 하느라 내 몸은 더 많이 상했다.

항암 치료 후 3개월이 경과했다. 항암 치료까지 마쳤으나 나는 사형 선고나 다름없는 진단을 받았다. 암이 오히려 악화되어 4센티미터, 1센티미터 크기의 종양들이 심장 정맥 옆에 전이되었다고 했다. 암의 마지막 단계인 4기이며, 암은 이제 언제든 심장을 통해 온몸에 퍼질 것이라고도 했다.

그래서 나는 이제 죽음을 준비해야겠다고 생각했다. 나는 죽든지 살든지 주님 뜻에 맡기겠다고 기도했다. 덧붙여 내가 하던 일을 마무리하기 위해 나를 암에서 해방시켜 주시면 좋겠다고 간절히 기도했다. 그때 내 안에 놀라운 기쁨과 평안이 찾아왔다. 그리고 또 염려하지 말라는 말씀을 주셨다. 그리고 암 때문에 생긴 내 잘못된 생활을 고치라는 마음도 주셨다. 나는 사형 선고 받은 사람인데도 그렇게 기쁠 수가 없었다.

바로 그날 저녁 어떤 목사님 사모님으로부터 연락이 왔다. 그 사모님도 암 환자이기에 암을 어떻게 관리해야 하는지를 내게 알려 주셨다. 나는 암에 대한 문제는 주님이 다 해결해 주실 것이라고 믿고 있었다. 심장쪽으로 암 덩어리가 있어서인지 숨이 가빠 오기는 했지만, 그것은 주님이 해결하실 문제이기 때문에 나는 더는 신경을 쓰지 않았다. 병원에서는 치료를 계속해야 한다고 재촉했다. 그러나 치료는 이미 다 끝났다고 믿었다.

시간이 지나면서 나는 경과가 더 나빠져야 했다. 그런데 오히려 건강이 좋아졌다. 나는 한동안 암 치료를 위한 관리 방법과 생활 습관을 철저히 따랐다. 그러나 세월이 지나며 점점 게을러져서 관리를 소홀히 했다.

나는 가끔 주님이 나에게 하신 일들을 간증하곤 했는데, 그 간증을 알고 있던 내 중국 제자 중 일부도 내 암이 나을 것이라고 믿었다. 그들은 주님이 나에게 보여 주신 다섯 가지 영상 중 나머지 한 가지는 아직 다 이루어지지 않았다고 믿고 있었기 때문이다. 그들은 마지막 영상이 언젠가는 이루어질 것이라고 확신하고 있었다. 그 마지막 영상은 우리가 언젠가는 깨끗해질 것이라는 믿음이었다. 그런데 그것이 아직 이루어지지 않았으니 어떻게 주님이 나를 데려가실 수 있느냐는 것이다. 그들은 암이라는 사망 선고뿐 아니라 어떤 일이 있어도 그전에는 주님이 나를 데려가시지 않을 것이라고 믿고 있었다. 그래서 많은 사람이 나의 4기 암에 대해 염려하고 있어도 소수 믿음의 사람들은 전혀 염려하지 않았다. 그들은 세상에 어떤 일이 있어도 주님의 약속은 변함이 없다고 믿고 있다.

뇌졸중

● 2023년 9월 어느 날 저녁, 나는 피곤해서 한동안 졸았다. 나는 내가 졸고 있는 줄 알았는데 사실은 반실신 상태였다. 얼마 후 잠들었다 깨어났을 때 나는 아무 말도 할 수가 없었다. 내가 말을 해도 상대방은 그 뜻을 전혀 알아듣지 못했다. 아내는 내가 졸려서 말을 이상하게 하는 줄로만 알았다. 나도 피곤해서 그런가 보다 하고 다시 잠이 들었다. 그러다 다음 날 이웃 사람들이 그 이야기를 듣고 내 상태가 심각하다는 것을 알았다.

나는 즉시 응급실로 실려 갔다. 사람들은 이 병을 스트로크라고도 했고, 중풍 또는 뇌졸중이라고도 했다. 병원에 입원하니 의사가 여러 가지 질문을 하며 나를 검사했다. 그들이 나의 이름을 물어도 나는 대답하지 못했다. 내 주소도, 생년월일도 기억나지 않았다. 병원에서는 내가 깨어 있을 때마다 주기적으로 내 기억을 점검했다. 그러나 그들이 하는 간단한 질문에 나는 거의 답하지 못했다.

그런데 놀랍게도 시간이 자니면서 기억이 조금씩 돌아왔다. 그래서 이제 내 기억력이 호전되나 보다 생각했다. 그때 병원의 스트로크 전문의사가 와서 나를 진단했다. 진단 결과는 매우 비관적이었다. 나의 기억이 어느 정도는 돌아오겠지만 다 돌아오는 것은 불가능하다며 정상적인 활동은 포기해야 한다고 했다.

나는 간단한 글도 읽을 수 없었다. 발음도 할 수 없었다. 글의 뜻도 물론 알 수 없었다. 그래서 주님께 기도했다.

"지금 우리가 하고 있는 일이 있는데 그 일을 계속할 수 있게 저를 고쳐 주세요."

나는 자다 말고 일어나 한밤중에 기도했다. 그리고 잠이 오지 않아 성경을 읽기로 했다. 마침 휴대전화에 영어 성경 앱이 있었다. 그러나 단어 하나도 이해할 수 없었다. 'to'라는 간단한 단어조차 무슨 의미인지 알 수 없었다. 그런데 다시 기도를 마쳤을 때 갑자기 성경이 다 읽어지는 것이 아닌가! 그러고는 뇌졸중이 다 회복됐다. 명사들이 잘 생각나지 않아 조금씩 더듬거리기는 했지만 그것도 차차 회복됐다.

병원의 진단에 의하면 기억이 다 돌아오는 것은 불가능했다. 그러나 결국 다 돌아왔다. 그렇다고 내 노인성 건망증으로 인한 기억력도 돌아온 것은 아니다. 내 건망증은 아직 그대로 있다. 뇌졸중으로 거의 폐인이 될 뻔했지만 주님은 그 위험에서도 나를 구해 주셨다.

"내가 사망의 음침한 골짜기로 다닐지라도 해를 두려워하지 않을 것은 주께서 나와 함께하심이라 주의 지팡이와 막대기가 나를 안위하시나이다"(시 23:4).

병원에서 뇌졸중의 원인을 검사했다. 검사 결과 내 심장 동맥이 하나 막혔기 때문이었다. 의사가 내 심장 관상동맥 중 하나가 99.9퍼센트 막혔다고 하여, 막힌 심장 동맥을 넓혀 피가 통하도록 하는 스텐트 수술을 했다. 그래서 나는 또 하나의 위험을 넘길 수 있었다.

지금은 심장 상태가 양호하다. 나의 건강에 연달아 문제가 생겼지만, 주님은 그 어려움을 계속 극복할 수 있게 하셨다. 그러나 주님이 내 건강을 언제까지 지켜 주실는지는 알 수 없다.

암이 재발하다

● 항암 치료 후 3년이 지난 2025년, 몸에 이상이 있어 진단을 받아 보니 암이 재발한 것이었다. 주님께서 다 해결해 주셨다고 믿고 있었는데 갑자기 이런 일을 당하니 너무 당황스러웠다. 사실 나는 전에 병원에서 알려 주었던 암 관리 방법을 더는 따르지 않고 있었다. 나는 내 마음대로 살고 있었다. 그러니 이제는 주님이 나를 데려가기 원하시는지, 아니면 다시 낫게 해주실는지 알 수가 없

다. 그저 병을 위해 기도하고 있을 뿐이다. 나와 주 안에서 교제하던 분들과 교회와 선교지에서도 같이 기도하고 있다.

나는 언제 주님이 나를 데려가실지 몰라 죽음을 준비하며 살고 있다. 나는 통증이 너무나 싫다. 그동안 나는 엄청난 통증을 겪으며 살아왔다. 그러나 죽음에 대한 두려움은 없다. 육신의 통증은 있지만 마음의 평안은 계속되고 있다. 그것은 하나님께서 나에게 주신 엄청난 복이다. 그 평안이 병세를 조금씩 호전시키고 있다.

나는 재발한 암으로 인한 통증 때문에 잠을 제대로 자지 못한다. 암 전문의사를 만났더니 나의 표정을 계속 관찰했다. 내가 죽을병에 걸렸으니 나의 기분을 관찰하는 것 같았다. 환자가 공포 가운데 있을 것이라 생각했으나 공포가 보이지 않으니 계속 나의 표정을 관찰하였다. 의사는 내가 죽을병에 걸렸는데 어떻게 표정이 그렇게 평안할 수 있냐고 4번이나 질문했다.

의사는 CT 결과를 보고는 강력한 치료는 못 하니 면역 치료만 하자고 했다. 그러나 가장 중요한 치료법은 기도이다. 그래서 가장 먼저 지인들에게 기도 요청을 하고, 암 치료도 하고, 집에서 하는 가족 요법도 병행하는 중이다. 지난 2025년 여름, 암 검사를 해 보았더니 전에 8.1cm였던 종양이 1.5cm로 작아져 있었다. 그러나 나머지 1.5cm마저 없애야 한다고 해서 계속 치료중이다.

암환자가 되는 것은 결코 좋은 일이 아니다. 그러나 이점도 있다. 나는 가끔 암환자들을 만나게 된다. 건강할 때는 죽음과 내세에 대해 전혀 관심도 없던 사람이 암으로 목숨에 위협을 받게 되자 하나님 이외에는 살 소망이 없다는 것을 깨닫고 하나님을 의지하기 시작한다. 의사는 병을 대하는 마음이 치료에 지대한 영향을 미치고 있다고 생각하고 있었다. 그래서 그들에게 복음을 전하기가 쉽다. 내 담당의사는 믿는 사람이 아니지만 그의 환자들에게 나를 소개해 주겠다고 제안했다. 그래서 나는 그들을 위해 기도해 주고 복음을 전하려고 계획하고 있다.

맺/는/말

나는 주님께서 보여 주신 그 영상들을 항상 기억하고 있었지만 사실 마음으로는 믿지 못하고 있었다. 잠깐 있다 사라지는 일시적인 현상일지도 모른다고 생각했다. 즉, 나는 주님이 주신 뜻을 믿음으로 모두 받아들이지 못했다는 말이다. 그러나 시간이 지나면서 주님이 그 영상들을 계속 생각나게 하셨고, 또 나는 그 일들이 실제로 나타나는 것을 경험하였다. 그래서 나는 그 영상들이 실제로 이루어질 것이라는 믿음을 차차 갖게 되었다.

만일 내가 처음부터 확실한 믿음을 갖고 철저한 준비를 하여 선교에 임했다면 내 사역은 훨씬 더 자신감 있고 역동적이었을 것이다. 그리고 더 많은 열매가 있었을 것이다. 그렇게 내 삶의 목적을 뚜렷하게 알았으면 주저하지 않고 그 뜻을 위해 믿음으로 정진했을 것이다. 그리고 그랬다면 나의 삶은 더욱 성공적이었을 것이다. 요셉이 그분의 뜻을 확실히 깨닫고 흔들리지 않으며 살았던 것과 같이 나도 확실한 믿음으로 행했다면 더 큰 열매를 맺는 귀한 삶을 살았으리라고 생각한다.

글을 다 쓰고 보니 내 삶이 온통 기적의 연속이라는 착각이 든다. 그러나 사실 나의 삶은 대부분 평범했다. 다만 30년 이상의 세월 동안 일어났던 특별한 일들을 모아 놓고 보니 그렇게 보일 뿐이다.

여기 기록된 사건들은 대부분 내가 선교지에서 말씀을 전파하던 일과 연관되어 있다. 하나님은 나를 통해 말씀을 잘 알지 못하는 중국인들에게 말씀 전파하기를 원하셨다. 그것은 확실한 하나님의 목적이었다. 그런데 그것을 방해하는 음부의 세력들이 항상 있었다. 하나님은 필요할 때마다 그 일에 관여하시어 방해 가운데서도 그 일을 이루게 하셨다. 그런 것들이 특별한 삶으로 나타난 것이다. 그렇게 나에게 영상으로 보여 주셨던 사건들을 그가 이루어 주셨다.

선교지를 떠나 있을 때 나의 삶은 대부분 평범했다. 타협도 잘했고, 겁쟁이 같을 때도 있었다. 그러나 선교지에서는 어려움을 당해도 절대로 도망가지 않고 열심히 싸웠다. 왜 그랬는지는 나도 잘 모르겠다. 내가 깨달은 사명감 때문이었던 것 같기도 하고, 주님이 나에게 그런 힘을 주셨기 때문이었던 것 같기도 하다.

그런데 나의 주위 사람들은 나의 평범했던 삶만 알고 있다. 그 편안한 세상에서 내가 갑자기 선교지에서의 치열했던 영적 전쟁을 이

야기하니 사람들이 그 상황을 잘 이해하지 못하는 것은 어쩌면 당연했다. 치열한 영적 전쟁과 안일한 삶 사이에는 너무나 큰 간격이 존재하기 때문이다.

핍박 가운데서 사는 우리 중국 형제자매들에게는 그런 놀라운 일들이 항상 존재했다. 그 영적 전쟁은 옛날이야기가 아니라 지금도 대부분 살아 있는 사람들의 이야기이다.

이 책의 이야기 중에는 내가 직접 체험한 것뿐 아니라 나의 동역자들의 증언도 있다. 선교지의 상황을 사람들에게 더 생생하게 알리기 위해서이다. 그 증언은 대부분 내가 아는 사람들이 치열한 영적 전쟁 가운데서 직접 체험한 것이다.

나를 떠나서는 너희가
아무것도 할 수 없음이라

1판 1쇄 인쇄 _ 2025년 11월 5일
1판 1쇄 발행 _ 2025년 11월 10일

지은이 _ 신구
펴낸이 _ 이형규
펴낸곳 _ 쿰란출판사

주소 _ 서울특별시 종로구 이화장길 6
편집부 _ 745-1007, 745-1301~2, 747-1212, 743-1300
영업부 _ 747-1004, FAX 745-8490
본사평생전화번호 _ 0502-756-1004
홈페이지 _ http://www.qumran.co.kr
E-mail _ qrbooks@daum.net / qrbooks@gmail.com
한글인터넷주소 _ 쿰란, 쿰란출판사
페이스북 _ www.facebook.com/qumranpeople
인스타그램 _ www.instagram.com/qrbooks
등록 _ 제1-670호(1988.2.27)
책임교열 _ 최진희·이주련

ⓒ 신구 2025 ISBN 979-11-24013-20-5 03230

책값은 뒤표지에 있습니다.
이 출판물은 저작권법에 의해 보호를 받는 저작물이므로 무단 복제할 수 없습니다.
파본(破本)은 구입처에서 교환해 드립니다.